FRANK RÖLLKE

Orchideen

Schritt für Schritt zu exotischer Pflanzenpracht

› So fühlen sich Ihre Orchideen rundum wohl

› Die beliebtesten Orchideen für ein schönes Zuhause

FRANK RÖLLKE

Orchideen

Über 210 Farbfotos von Guido Sachse und anderen bekannten Gartenfotografen

1 Planung 6

2 Pflanzenpraxis 30

3 Porträts 82

1

Planung

Die Welt der Orchideen

Sie halten sich mit ihren Wurzeln in den Kronen der Urwaldbäume fest, gedeihen im Schatten des Dschungels, entfalten ihre Blüten an nebligen Berghängen oder auf trockenen Hochebenen: Orchideen sind auf dem ganzen Globus zu Hause. Ihre Vielfalt sucht in der Welt der Pflanzen ihresgleichen.

Orchideen gehören heute zu den bekanntesten Zimmerpflanzen, und viele von ihnen sind für jedermann erschwinglich. Ihrer Faszination hat das keinen Abbruch getan – im Gegenteil: Wie vor 400 Jahren, als europäische Pflanzenliebhaber die ersten Orchideen aus den Tropen in ihren Häusern pflegten, ziehen sie Menschen in ihren Bann. Orchideen bestechen mit vielfältigen Blütenformen, leuchtenden Farben, ausgefallenen Farbkombinationen oder mannigfaltigen Zeichnungen auf ihren Blüten. Manche Orchideen werden nur wenige Zentimeter groß, andere haben 10 m lange Triebe. Einige bilden Blütentrauben aus unzähligen winzigen Blüten, bei anderen stehen Blüten mit 25 cm Durchmesser zwischen üppigen, grünen Blättern.

Orchideen für zu Hause

Die ersten tropischen Orchideen in Europa überlebten meist nicht lang: Weil niemand genau über ihre Ansprüche Bescheid wusste, pflegte man sie zu trocken, zu nass, zu kalt oder zu warm. Erst nach und nach brachten Botaniker von ihren Reisen Erkenntnisse über die Bedürfnisse der vielen Orchideenarten mit. Dank der von Natur aus unterschiedlichen Ansprüche der verschiedenen Arten finden sich für Standorte von hell bis schattig und warm bis kühl geeignete Orchideen. Züchter und Gärtner, die sich auf die Kultur und Zucht der Exoten spezialisierten, konnten schließlich im 20. Jh. dank neuer Züchtungs- und Vermehrungsmethoden eine breite Palette von Arten und Hybriden bieten. Diese sind perfekt an ein Leben in unseren Wohnräumen oder Wintergärten angepasst. So kann jeder Orchideenfreund für seine Räume passende Orchideen finden.

Die Auswahl an Orchideen wird ständig größer: Fast täglich entstehen neue, attraktive Züchtungen, und in den Tropenwäldern verbergen sich auch heute noch unbekannte Orchideen-Schönheiten: Den einzig richtig roten Frauenschuh *Phragmipedium besseae* hat man erst im Jahr 1981 im tropischen Südamerika entdeckt.

Die leuchtenden Blüten der Orchideen faszinieren uns Menschen. In der Natur locken sie Bestäuber wie Kolibris an.

Orchideen – die Königinnen der Zimmerpflanzen

Mit der Schönheit der Orchideen kann es kaum eine andere Pflanzenfamilie aufnehmen. Seit ihrer Ankunft in Europa haben sie die Herzen der Pflanzen-Liebhaber erobert, und heute gibt es viele pflegeleichte Sorten.

Orchideen faszinieren Menschen seit langer Zeit: Schon vor ca. 3000 Jahren wurde in chinesischen Schriften eine Orchidee der Art *Spiranthes sinensis* erwähnt, die damals als Heilpflanze verwendet wurde. Aus der Zeit der chinesischen Sung-Dynastie im 12. und 13. Jh. existieren Bücher, die sich ausgiebig mit der Kultur von Orchideen beschäftigen. In diesen Werken sind bereits 37 verschiedene Orchideenarten beschrieben.
Auch als Nutzpflanzen waren Orchideen seit alters begehrt. In Mittel- und Südamerika verwendeten die Indios Orchideen bei religiösen Zeremonien als Blumenopfer, und die Azteken würzten mit der Vanille ihren Trinkkakao. In Indonesien stellte man aus Fasern in den Knollen von *Dendrobium*-Orchideen Schnüre her, und die Inhaltstoffe einer *Laelia*-Art dienten in Mittelamerika einst als Grundsubstanz für Klebstoff.

Blühende Orchideen dürfen mitten im Zimmer stehen: Cymbidium *(vorn),* Brassocattleya *(hinten).*

Orchideen erobern Europa

In Griechenland erwähnte der Philosoph Theophrastus (370–285 v. Chr.) erstmals eine Orchidee unter dem Namen »Orchis«. Er beschrieb mit diesem Wort die paarweisen verdickten Wurzeln, die den Hoden (griechisch: orchis) eines Knaben ähnlich sehen sollten. Aus diesem Begriff entstand später der deutsche und wissenschaftliche Name für diese Pflanzenfamilie: Orchideen bzw. *Orchidaceae.* Die tropischen Orchideen entdeckten die Europäer im 16. Jh. in Mittel- und Südamerika. Sie waren vor allem von der unglaublichen Vielfalt der Blüten begeistert. Es entstand ein regelrechter »Orchideen-Kult«. Als im Jahr 1821 erstmals eine *Cattleya* in England zur Blüte kam (→ Seite 86), galt dies als Sensation. Orchideen wurden nun zu Tausenden nach Europa geschickt. Viele gingen bereits auf dem langen Seeweg von Amerika und Asien nach Europa ein. Außerdem war wenig über die Ansprüche der exotischen Gewächse bekannt, weil viele Sammler falsche Angaben

Riesen und Zwerge: Degarmoara *Flying High mit 15 cm großen Blüten,* Oerstedella centradenia *mit 2 cm kleinen.*

über die Herkunft der Pflanzen machten, um ihren Konkurrenten die Naturstandorte nicht zu verraten. Die meisten Orchideen gingen deshalb in Europa rasch ein. Doch als 1840 von Dr. Ward, einem englischen Arzt und Pflanzenliebhaber, der »Wardian Case« entwickelt wurde – ein geschlossener großer Glasbehälter, in dessen feuchtwarmer Atmosphäre tropische Pflanzen monatelang ohne Pflege überleben konnten –, erfuhr der Orchideenhandel einen ungeahnten Aufschwung.
Bis Orchideen zu Zierpflanzen für Jedermann wurden, dauerte es allerdings noch lange. Erst zu Beginn des 20. Jh. glückte die Nachzucht aus Samen, und erst seit Entwicklung der Meristemvermehrung (→ Seite 65) in den 1960er-Jahren, bei der unzählige identische Nachkommen aus einer Orchidee gewonnen werden, avancierten die Exoten zu preiswerten Zimmerpflanzen, die in Gartencentern und sogar in Supermärkten erhältlich sind.

Die vielfältige Familie der Orchideen

Die Familie der Orchideen (*Orchidaceae*) ist die stammesgeschichtlich jüngste und artenreichste Familie der Blütenpflanzen. Man schätzt, dass es etwa 30 000 verschiedene Orchideenarten gibt. Weil sie sich sehr leicht miteinander kreuzen lassen, kommen dazu noch ca. 150 000 durch Züchtung entstandene Hybriden (→ Seite 84/85). Möglich ist dies nur, weil Orchideen – im Gegensatz zu anderen Familien der Blütenpflanzen – genetisch noch nicht besonders differenziert sind. Ihre Erbanlagen sind sich noch so ähnlich, dass sie sich fast ohne Einschränkungen kombinieren lassen.
Nach ihrer Lebensweise teilt man Orchideen in zwei Gruppen ein:

- **Erdorchideen** oder **terrestrische Orchideen** wachsen ausschließlich in der Erde. Dazu zählen heimische Orchideen wie *Cypripedium, Dactylorhiza* und *Epipactis* sowie tropische Arten wie *Cymbidium* und *Paphiopedilum.*
- Die meisten tropischen und subtropischen Orchideen sind **Epiphyten.** Sie wachsen auf Bäumen und bilden Luftwurzeln, mit denen sie wie mit den Blättern Photosynthese betreiben und Wasser aus der feuchten Luft aufnehmen. Dazu zählen z. B. *Cattleya, Odontoglossum* und *Phalaenopsis,* aber auch auf Steinen lebende Orchideen, die so genannte Lithophyten. Zu ihnen gehören einige *Laelia*-Arten.

Praxisinfo

DIESE ORCHIDEEN GRÜNEN UND BLÜHEN

Viele der heute angebotenen Orchideen sind pflegeleicht und unkompliziert zu halten:

- *Burrageara* Nelly Isler und Living Fire
- *Cattleya intermedia* Typ Orlata und *Cattleya forbesii*
- *Dendrobium kingianum* und *Dendrobium griffithianum*
- *Laeliocattleya* Golddigger und Trick or Treat
- *Paphiopedilum* Actaeus und *Paphiopedilum* Iantha Stage
- *Phalaenopsis equestris* und *Phalaenopsis* Ever-Spring King

Die Heimat der Orchideen

Die als Zimmerpflanzen kultivierten Orchideen stammen meist aus subtropischen und tropischen Regionen. Wer ihre Bedürfnisse kennt, findet im Haus leicht den passenden Standort für die Schönheiten.

Orchideen sind weltweit verbreitet. Sie kommen von den Tropen und Subtropen bis in die gemäßigten Gebiete vor. Einige Arten gedeihen sogar nördlich des Polarkreises, wie z. B. einige Knabenkräuter. Orchideen besiedeln alle Höhenstufen von der Küste bis zum Hochgebirge. Man unterscheidet die Herkunftsgebiete der Orchideen nach vier Regionen.

Unsere heimischen Orchideen wie dieses Knabenkraut (Dactylorhiza) *sind winterhart.*

Hier sind Orchideen zuhause

- **Tropen:** Gebiete mit tropischem Klima findet man oberhalb und unterhalb des Äquators an den Küsten und in den tief gelegenen Regionen Südamerikas, Asiens und Afrikas. Hier herrschen das ganze Jahr über relativ gleichmäßig hohe Temperaturen. Selbst im kältesten Monat sinkt die Durchschnittstemperatur selten unter 18 °C. Die Temperaturunterschiede zwischen Tag und Nacht sind höher als die Schwankungen im Jahreslauf.
In den Tropen sind die Niederschlagsmengen sehr hoch. Da die extrem steil stehende Sonne zur Mittagszeit eine starke Verdunstungskraft hat, besitzen die Orchideen dieser Klimazone einen Verdunstungsschutz z. B. in Form ledriger Blätter. Orchideen brauchen jedoch frische Luft und vertragen die stehende Luft in den tropischen Wäldern schlecht. Deshalb wachsen sie meist epiphytisch in Baumkronen, an Waldrändern, auf Lichtungen, an Flussufern sowie an Berghängen. Aus dieser Klimazone stammen z. B. die Orchideen *Ascocentrum, Phalaenopsis* und *Vanda*. Sie alle werden warm kultiviert (→ Seite 20) und gedeihen gut in Wohnräumen.
- Orchideen finden sich auch in den so genannten **Nebelwäldern**. Diese gedeihen an den Flanken der südamerikanischen Anden, in den Berggebieten Südostasiens sowie in den Vorbergen des Himalajas. An diesen Hängen steigen ständig feuchte, warme Luftmassen auf, kühlen sich ab und kondensieren zu Nebel oder Regen. Selbst wenn die Pflanzen in der Mittagszeit Feuchtigkeit verlieren, wird der Verlust abends und nachts durch die hohe Luftfeuchtigkeit ausgeglichen. Zwischen Tag und Nacht herrscht ein deutlicher Temperaturunterschied, und auch im Jahreslauf gibt es Temperaturschwankungen. Aus diesen Wäldern stammen ca. 60 % aller Orchideenarten. Es sind vor allem Arten, die dank der hohen Luftfeuchte meist epiphytisch leben, wie *Coelogyne*, einige *Laelia*-Arten und *Sophronitis*. Im Haus kultiviert man sie in temperierten bis warmen Räumen (→ Seite 20/21).
- **Steppen der Hochlagen**: Im Landesinneren von Mittel- und Südamerika, Afrika sowie in Südostasien gibt es kleine steppenartige Gebiete, meist in Höhen von 1500–3000 m, sowie Tafelberge, die die umgebenden tropischen Gebiete überragen. Hier wechseln sich trockene, heiße Tage mit kühlen Nächten ab. Temperaturstürze

Viele tropische Orchideen wachsen epiphytisch und sind an ein Leben unter dem Blätterdach der Urwaldriesen gewöhnt. Sie brauchen feucht-warme Luft, vertragen aber keine direkte Sonne.

von 35 °C auf wenige Grade über 0 °C sind keine Seltenheit. In dieser Region wachsen meist terrestrische Orchideen, nur an Standorten mit höherer Luftfeuchtigkeit kommen auch epiphytische Arten vor. Orchideen aus dieser Klimazone sind z. B. *Cymbidium*, einige *Dendrobium*-Arten und *Oncidium*. Sie werden temperiert bis kühl kultiviert (→ Seite 20).

- **Gemäßigte Zone:** In dieser Klimazone Eurasiens und Nordamerikas gibt es einen deutlichen Unterschied zwischen Sommer und Winter. Hier sind fast nur terrestrische Orchideen beheimatet wie *Cypripedium*, *Dactylorhiza*, *Ophrys*, *Orchis* oder *Serapias*. Diese Orchideen vertragen alle kühle Temperaturen und können nur im Freien kultiviert werden.

Orchideen schützen

Heute sind viele Orchideenarten – vor allem in den Tropen – durch die Zerstörung ihrer Lebensräume sowie durch die unkontrollierte Entnahme von Pflanzen gefährdet. Einige Arten sind bereits ausgestorben. Das gilt natürlich auch für viele andere Pflanzen und auch für Tiere. Um diesen Raubbau zu verhindern, wurde 1973 in Washington von zahlreichen Ländern ein Artenschutzabkommen namens »Convention on international trade of endangered species«, kurz CITES, unterzeichnet. Danach dürfen vom Aussterben bedrohte Arten nicht gehandelt werden.

Eine Ausnahme machen nachgezüchtete Wildformen. Die Naturschutzbehörde bestätigt dies auf einem CITES-Papier. Zusammen mit der Ein- und Ausfuhrgenehmigung dürfen diese Arten dann legal in die EU eingeführt werden. Weil heute alle Orchideen unter Artenschutz stehen, sind auch für Hybriden CITES-Papiere nötig.

Die typischen Merkmale der Orchideen

Orchideen bestechen durch Vielfalt: Ihre Blüten erinnern an Spinnen, gleichen Stiefmütterchen oder einem Pantoffel. Trotzdem kann man sie am Bauplan ihrer Blüten, an den Blättern und am Wuchs leicht erkennen.

Orchideen sind eine abwechslungsreiche Pflanzenfamilie. Sogar die Pflanzen einer Art können sehr variabel sein. Der Grundbauplan ist jedoch gleich: Die Blüten bestehen aus sechs Blütenblättern, und die Nerven ihrer Blätter verlaufen parallel, weil Orchideen einkeimblättrige Pflanzen sind. Ihre Keimlinge entwickeln zunächst nur ein Blatt.

Blütenaufbau: Sepalen (1), Petalen (2), Lippe (2a), Fahne (1a), Säule mit Pollenkappe (3).

Faszinierende Orchideenblüten

Orchideenblüten sind zweiseitig symmetrisch, d. h. die Blüte wird durch eine senkrechte Spiegelachse in zwei gleiche Hälften geteilt.

- Jede Orchideenblüte besteht aus zwei Blütenblätterkreisen mit jeweils drei Blättern. Die äußeren Blütenblätter bezeichnet man als Sepalen, die inneren als Petalen. Bei den Sepalen ist das mittlere Blatt zur Fahne (dorsales Sepalum) ausgebildet. Im inneren Kreis ist aus dem mittleren Petalum die Lippe (laterales Petalum) geformt. Sie kann trichter- oder röhrenförmig oder auch flach sein und ist meist anders gefärbt als die übrige Blüte. Bei den Frauenschuh-Orchideen ist sie zu einem Schuh geformt, bei anderen läuft sie in einen nach hinten gerichteten Sporn aus oder trägt kleine Warzen.
- Orchideenblüten zeichnen sich durch ein Merkmal aus, das es nur in dieser Pflanzenfamilie gibt: Die weiblichen und männlichen Fortpflanzungsorgane – Stempel und Staubblätter – sind zu einer Säule verwachsen. Sie ragt aus der Mitte der Blüte und ist oft durch einen Farbtupfer geschmückt.
- Die männlichen Staubblätter sind zu festen, gestielten Pollinien verwachsen. Sie sitzen an der Spitze der Säule unter der Pollenkappe und werden bei der Bestäubung durch Insekten als Ganzes auf die nächste Blüte übertragen. Übrigens: Wegen ihrer Größe lösen die Pollinien – anders als die Pollen anderer Blüten – beim Menschen keinen Heuschnupfen aus.
- Direkt unter den Pollinien sitzt die weibliche Narbe. Sie ist von den Pollinien abgeschirmt, sodass eine Selbstbestäubung nur äußerst selten vorkommt.
- Fast alle Orchideenblüten sind zweigeschlechtig. Es gibt aber Ausnahmen. *Catasetum* z. B. besitzt zwei unterschiedliche Blütenformen. Jede dieser Formen hat eine Säule, auf der jeweils nur Pollinien oder die Narbe ausgebildet sind.
- Den unteren Teil des Stempels nennt man Fruchtknoten. Er ist bei Orchideen unterständig, d. h. er sitzt zwischen Blütenstiel und Blüte. Nach der Bestäubung entwickelt er sich zu einer mit Millionen Samen gefüllten Kapsel. Die Samen brauchen zum Keimen die Hilfe eines speziellen Wurzelpilzes.
- Bei den meisten Orchideen dreht sich der Blütenstiel vor dem Öffnen der Blüte um 180°, sodass die Lippe nach unten zeigt. Diesen Vorgang nennt man Resupination.
- Die Form der Lippe und ihrer Bestandteile (Sporne, Seitenlap-

Orchideen wachsen entweder monopodial (einsprossig, links) oder sympodial (mehrsprossig, rechts).

pen u. a.) sind zusammen mit der Säule und Pollinienzahl wichtige Kriterien, um ähnliche Arten voneinander zu unterscheiden.

Ein- und mehrsprossig

Es gibt bei Orchideen zwei verschiedene Wuchsformen. Vor allem beim Umtopfen und Teilen von Orchideen ist es sehr wichtig, diese Wuchsformen unterscheiden zu können, weil man bei beiden unterschiedlich vorgehen muss (→ Seiten 40/41 und 62/63).

- Monopodiale Orchideen wachsen einsprossig, d. h. sie besitzen nur einen Trieb oder Spross, der an der Spitze weiterwächst. Seitensprosse bilden sie nur selten aus. Die bekanntesten Vertreter dieser Wuchsform sind *Angraecum, Phalaenopsis* und *Vanda*. Der Wuchs kann gestaucht sein – wie bei *Phalaenopsis* – oder verlängert bzw. kletternd – wie bei *Vanda*. Unter guten Bedingungen entstehen im oberen Sprossteil mehr neue Blätter als alte am unteren Sprossteil absterben.
- Sympodiale Orchideen sind mehrsprossig. Bei dieser Wuchsform bilden sich jedes Jahr an der Seite des kriechenden oder kletternden Wurzelstocks ein oder mehrere neue Triebe. Die alten Triebe bleiben meist über Jahre erhalten, sodass kräftige, buschige Pflanzen entstehen. Die Sprosse sind oft zu kugeligen oder ovalen Speicherorganen (Pseudobulben) verdickt, in denen Wasser und Nährstoffe für Trockenzeiten lagern. Alte Bulben tragen oft keine Blätter mehr, man nennt sie Rückbulben. Pflanzen mit Pseudobulben brauchen meist eine Ruhephase, um blühen zu können. Zu ihnen gehören *Cattleya*- und *Dendrobium*-Arten.

Vielfältige Blätter

Von der Größe und Festigkeit der Orchideenblätter kann man Rückschlüsse auf die Luftfeuchte und Lichtintensität am Naturstandort und auf die Bedürfnisse bei der Kultur im Haus ziehen. Orchideen an schattigen Standorten mit hoher Luftfeuchtigkeit haben eher feine, dünne Blätter, weil sie keinen Verdunstungsschutz brauchen. Orchideen heißer, trockener Standorte besitzen ledrige, dicke Blätter, die sich z. B. mit einer wachsartigen Schicht vor dem Austrocknen schützen. Große Blätter zeigen, dass die Pflanze auch an Standorten mit wenig Licht gedeiht, da große Blätter geringe Lichtmengen optimal ausnutzen. Meist sind die Blätter am Spross wechselständig, manchmal auch spiralig angeordnet.

Wurzeln mit Hülle

Orchideenwurzeln sind von einer schwammigen, weißlichen Hülle umgeben, dem Velamen. Es kann aus dem Substrat oder der Luft Wasser und Nährstoffe aufnehmen, speichern und sie langsam an die Hauptwurzel abgeben. Dies ist vor allem für Orchideen wichtig, deren Wurzeln nicht im Boden wachsen, sondern die sich mit Luftwurzeln auf Bäumen festhalten. Im feuchten Zustand sind die Wurzeln grün und können Photosynthese betreiben – ein Grund, weshalb durchsichtige Töpfe in Mode gekommen sind. *Phalaenopsis* z. B. gedeiht in solchen Töpfen deutlich besser. In der Trockenphase schützt das Velamen die Wurzeln vor dem Austrocknen.

Licht im Namens-dschungel

Zungenbrecher wie *Brassolaeliocattleya* sind keine Schikane der Züchter: Kennt man das System der Nomenklatur, verrät der Name, von welchen Eltern die Pflanze abstammt und welche Eigenschaften sie hat.

Es gibt mehrere Gründe, warum es sinnvoll ist, sich etwas intensiver mit den botanischen Namen der Orchideen zu beschäftigen. Zum einen gibt es für die meisten Orchideen keinen deutschen, sondern nur einen wissenschaftlichen Namen. Deutsche Namen existieren meist nur für einheimische Orchideen. Und deutsche Namen sind meist nicht eindeutig, weil in verschiedenen Regionen für ein und diesselbe Orchidee unterschiedliche Namen verwendet werden. Nur mit dem korrekten botanischen Namen können Sie in der Literatur sicher nachschlagen, welche Ansprüche und Eigenschaften eine bestimmte Orchidee hat.

Oerstedella centradenia *ist der neue Name. Aber auch* Epidendrum centradenium *ist noch gängig.*

Mit System: wissenschaftliche Namen

Der schwedische Naturforscher Carl von Linné hat im 18. Jh. die binominale Nomenklatur eingeführt: Der Name jeder Tier- oder Pflanzenart besteht demnach aus dem großgeschriebenen Gattungs- und dem kleingeschriebenen Artnamen, z. B. *Phalaenopsis equestris. Phalaenopsis* bezeichnet die Gattung, *equestris* die Art. Linné ordnete alle tropischen Orchideen, die zu seiner Zeit bekannt waren und auf Bäumen wuchsen, der Gattung *Epidendrum* (Epi: auf; dendro: Baum) zu. Doch je mehr neue Arten beschrieben wurden, umso deutlicher war, dass man einige Arten nicht in die Gattung *Epidendrum* einordnen konnte, sondern neue Gattungen schaffen musste.
Die neuen Orchideen wurden meist von den Entdeckern oder ihren europäischen Auftraggebern beschrieben. Dabei war es unvermeidbar, dass sie manche Arten mehrfach beschrieben und verschieden benannten. Es erwies sich deshalb als sinnvoll, dem zweiteiligen wissenschaftlichen Namen den Beschreiber (Taxonom) zuzuordnen. So steht z. B. hinter *Epidendrum cucullatum* ein »L.« für Carl von Linné. Robert Brown hat diese Orchidee später in die Gattung *Brassavola* neu einsortiert. Sie trägt heute den Namen *Brassa-*

Brassavola nodosa (L.) Lindl. wurde zuerst als Epidendrum nodosum (L.) beschrieben.

vola cucullata (L.) R. Br. Grundsätzlich ist der alte Name nach einer Umgruppierung jedoch nicht ungültig.

Untergattungen und Sektionen

Einige Orchideengattungen sind sehr groß. So zählen z. B. zur Gattung *Dendrobium* bis zu 1200 Arten, zu *Oncidium* über 1000 Arten. Zur besseren Übersicht hat man sie nach gemeinsamen Merkmalen im Wuchs in Untergattungen oder nach Blütenmerkmalen in Sektionen unterteilt.

Varietäten und Sorten

Manchmal unterscheiden sich zwei Pflanzen einer Art nur in ein oder zwei Eigenschaften. Diese Unterschiede entstehen auf natürlichem Weg. So ist z. B. eine Blüte weiß statt rosa. Hier wird nicht sofort eine neue Art beschrieben, sondern man bezeichnet die weiße Pflanze als Varietät der Art. Hinter dem zweiteiligen Namen wird mit der Abkürzung »var.« für Varietät die Eigenschaft in Latein oder Griechisch benannt. Für die Farbe Weiß wäre das *alba*, also var. *alba*. Entstehen durch Züchtung oder Gewebekultur (→ Seite 64/65) neue Varianten einer Art, so bezeichnet man sie als Sorten. Sie bekommen von ihrem Züchter einen individuellen Namen. Diesen frei gewählten Namen stellt man nach dem Art- bzw. Varietätnamen in einfache hochgestellte Anführungszeichen.

Gattungshybriden

Normalerweise können sich zwei verschiedene Arten und noch weniger Pflanzen zweier Gattungen kreuzen. Orchideen machen eine Ausnahme: Bei ihnen lassen sich nicht nur Arten, sondern auch Gattungen kreuzen (→ Seite 10/11 und 84/85). Hybriden, die aus zwei Gattungen entstanden sind, bekommen einen aus dem Namen beider Eltern zusammengesetzten neuen Namen. So wird z. B. aus *Vanda* und *Ascocentrum* die Hybride *Ascocenda*. Wird eine dritte Gattung eingekreuzt, erfindet der Erstzüchter dieser Gattung einen Namen, der auf -»ara« endet. *Ascocenda* mit *Neofinetia* gekreuzt ergibt *Nakamotoara* – benannt nach dem japanischen Züchter Nakamoto. Die meisten Züchter melden ihre Kreuzungen nach London an die Royal Horticultural Society. Diese verwaltet alle Namen in den »Sander's lists of orchid hybrids«, sodass jede registrierte Kreuzung weltweit denselben Namen trägt. Ist eine Kreuzung noch nicht registriert, steht hinter dem Namen »n. r.« (nicht registriert). Seit 2005 folgt die RHS in ihren neu veröffentlichten Listen konsequent den aktuellsten Namen. Nur wenige Züchter halten sich nicht an die RHS und verwenden eigene Handelsnamen.

DIESE GESELLSCHAFTEN PRÄMIEREN ORCHIDEEN

D.O.G.	Deutsche Orchideen-Gesellschaft
RHS	Royal Horticultural Society
S.O.G.	Schweizer Orchideen-Gesellschaft
EOC	European Orchid Conference
YOGA	Japanische Orchideen-Gesellschaft
WOC	World Orchid Conference

Internationale Medaillen in der Reihenfolge ihrer Wertigkeit:

AM	Award of Merrit
FCC	First Class Certificate
HCC	Highly Commendable Certificate

Bewertungsklassen der D.O.G.:

(B)	für botanische Art
(H)	für Hybriden
(K)	für gute Kultur
(A)	Ausstellung

Die richtige Auswahl

Orchideen haben unterschiedliche Bedürfnisse an Licht, Substrat und Wasser. Wenn man Arten und Hybriden auswählt, denen man an den verschiedenen Standorten im Haus die passenden Bedingungen bieten kann, entpuppen sich die Tropen-Schönheiten als äußerst robuste und langlebige Mitbewohner.

Ob verführerische Sonderangebote aus dem Supermarkt oder ausgefallenere Orchideenarten aus der Spezialgärtnerei – überlegen Sie in jedem Fall vor dem Kauf, wo Ihre neue Orchidee stehen soll. Wählen Sie nur qualitativ gute Orchideen aus und solche Arten, denen Sie ein adäquates Zuhause, d. h. den richtigen Standort bieten können. So vermeiden Sie Misserfolge und sparen Geld. Denn eine wärmebedürftige *Phalaenopsis* fühlt sich im kühlen Schlafzimmer nie wirklich wohl, und eine *Paphiopedilum*, die kühle Temperaturen bevorzugt, kann im gut geheizten Wohnzimmer kaum ihre ganze Pracht entfalten.
Pflegeleichte »Anfänger-Orchideen« wie *Dendrobium kingianum*, *Paphiopedilum* Actaeus oder *Phalaenopsis equestris* garantieren Erfolg ohne große Mühe, und wer etwas mehr Erfahrung hat, kann sich an anspruchsvollere Arten wie *Angraecum*, *Rhynchostylis* oder *Paphiopedilum* der Sektion *Brachypetalum* wagen.

Was Orchideen wünschen

Orchideen lieben hohe Luftfeuchtigkeit. Dies sind sie, mit wenigen Ausnahmen, aus ihrer tropischen und subtropischen Heimat gewöhnt. Und sie brauchen genug Licht: Die meisten wollen zwar ohne zwölf Stunden Licht am Tag nicht optimal wachsen. Allerdings zeigen sie schnell einen Sonnenbrand, wenn sie der grellen Mittagssonne ausgesetzt sind. Sie brauchen deshalb einen »Sonnenschirm« aus dem Blätterdach anderer Pflanzen oder einen anderen Sonnenschutz. Dank zahlreicher Züchtungen findet sich heute für jeden Standort im Haus die passende Orchidee. Als erste »Unterkunft« reicht meist ein Platz auf der Fensterbank in Richtung Westen oder Osten.
Wird die Orchideensammlung größer, können Sie die Fensterbank zum Orchideenfenster umbauen oder die Pflanzen in einer Orchideenvitrine unterbringen. Und wer einen Wintergarten oder ein Gewächshaus hat, kann dort wahre Orchideen-Paradiese schaffen.

Bei Phalaenopsis *(rechts) dominieren die Blüten. Blattorchideen wie* Macodes petola *(oben) bestechen durch gemustertes Laub.*

Welche Temperatur brauchen Orchideen?

Orchideen stammen aus verschiedenen Klimaregionen. Manche mögen es warm, andere gemäßigt oder sogar kühl. Alle schätzen es, wenn es nachts etwas kühler ist als am Tag, und manche wollen im Sommer ins Freie.

Die ersten Orchideen in Europa hat man nach der allgemeinen Vorstellung vom Klima im tropischen Regenwald sehr warm und bei extrem hoher Luftfeuchtigkeit kultiviert. Damit hatte man allerdings keinen großen Erfolg. Erst seit bekannt ist, dass auch in den Herkunftsländern Temperatur, Licht und Luftfeuchtigkeit stark wechseln, ist eine Kultivierung möglich, die ihren Bedürfnissen entspricht. Heute teilt man Orchideen nach ihren Temperaturansprüchen in drei Gruppen ein (→ Seite 12/13 und Tabelle Seite 121).

Zur Blüte stehen sie zusammen: Rossioglossum, Laeliocattleya *und* Phalaenopsis *(von links nach rechts).*

Warm, gemäßigt oder kühl?

- **Wärme liebende** Orchideen stammen aus den heißen Tropen. Sie benötigen ganzjährig tagsüber Temperaturen von 20–25 °C, nachts mindestens 16 °C. Kurzfristig und im Sommer vertragen sie auch höhere Temperaturen, brauchen dann aber eine höhere Luftfeuchtigkeit. Zu dieser Gruppe gehören *Phalaenopsis*, aber auch *Aerides*, *Ascocentrum, Vanda* u. a.
- Orchideen, die **temperiert** oder **gemäßigt** kultiviert werden, benötigen im Sommer tagsüber mindestens 20 °C, im Winter aber nur 18 °C. Temperiert bis warm kultiviert werden Orchideen aus den Nebelwäldern, z. B. *Cattleya* und einige *Dendrobium*-Sektionen, temperiert bis kühl mögen es Orchideen aus dem Klima der Hochlagen, z. B. *Odontoglossum* und *Miltonia*.
- **Kühl** zu kultivierende Orchideen stammen aus gemäßigten und kühlen Klimaregionen. Sie stehen tagsüber im Winter am besten bei 18 °C, im Sommer bei 20 °C, vertragen kurzzeitig aber auch Temperaturen von 8–10 °C. Steigt die Temperatur über 28 °C, sollten Sie unbedingt die Luftfeuchtigkeit erhöhen. Zu dieser Gruppe zählen *Coelogyne*, einige *Dendrobium*-Arten und z. B. *Rossioglossum*. Weil sich aber Orchideen ein und derselben Gattung in ihren Temperaturansprüchen unterscheiden können, sollten Sie sich schon beim Kauf beraten lassen, bei welcher Temperatur Ihre neue Orchidee am

Dendrobium *Stardust (links und rechts) und die* Dendrobium-nobile-*Hybride (Mitte) gedeihen prima im kühlen Treppenhaus.*

besten gedeiht. Denn nur an einem Platz mit der richtigen Temperatur wird eine Orchidee viele Jahre wachsen und blühen.

Die Nachtabsenkung

Viele Orchideen, die z. B. aus den Nebelwäldern oder aus gemäßigten Gebieten stammen, sind daran gewöhnt, dass die Nächte deutlich kühler sind als die Tage. Dieser Temperaturunterschied ist für diese Orchideen ein wichtiger Impuls für die Blütenbildung.
Damit solche Orchideen auch bei der Kultur im Haus immer wieder blühen, müssen sie deshalb nachts kühler stehen als am Tag. Dies nennt man Nachtabsenkung. Sie ist je nach Orchideenart unterschiedlich, beträgt aber mindestens 4 °C.

- Wärme liebende Orchideen brauchen eine Nachtabsenkung von 4 °C, die Temperatur sollte bei 16–21 °C liegen.
- Temperiert kultivierte Orchideen sollten nachts im Sommer bei mindestens 10 °C, im Winter bei maximal 16 °C, aber nicht unter 10–12 °C stehen. Die optimale Differenz liegt bei 6 °C.
- Kühl zu kultivierende Orchideen sollten nachts so kalt wie möglich stehen. Bei ihnen muss der Temperaturunterschied mindestens 6 °C betragen.

Übersommerung im Freien

Von Mai bis September bekommt es vielen Orchideen aus dem kühlen und temperierten Bereich gut, wenn man sie im Freien pflegt, wo die Temperaturwechsel zwischen Tag und Nacht größer sind als in der Wohnung (→ Checkliste). So kultivierte Orchideen sind abgehärtet und halten nachts bis zu 5 °C aus, solange Blüten und Blätter nicht nass werden.

Keine Blüte ohne Ruhephase

Temperiert oder kühl kultivierte Orchideen benötigen außer der Nachtabsenkung nach der Blüte eine Ruhephase, um wieder zu blühen. Dazu bringt man die Pflanzen im Sommer ins Freie. Steht kein Platz im Garten zur Verfügung, stellt man die Pflanzen im Winter zwei Monate kühler und gießt deutlich weniger. Kühl kultivierte Orchideen brauchen eine Ruhephase bei tagsüber 12–16 °C, kühl bis temperiert kultivierte bei 14–16 °C. Temperiert bis warm kultivierte Orchideen benötigen keine ausgeprägte Ruhephase. Man stellt sie im Winter nur etwas kühler und gießt weniger. Orchideen, die warme Temperaturen mögen, brauchen gar keine Ruhephase.

Checkliste

SOMMERFRISCHE FÜR ORCHIDEEN

So prüfen Sie, ob Sie ein adäquates Sommerquartier haben:

✔ Steht ein Platz zur Verfügung, der vor Hitze, direkter Sonne und Dauerregen geschützt ist?

✔ Besitzen Sie genug Laubbäume, in die Sie die Orchideentöpfe hängen können? Nadelbäume sind ungeeignet.

✔ Fehlen Bäume, müssen Sie die Pflanzen so aufstellen oder aufhängen, dass sie keinen Kontakt zum Boden haben – sonst wandern Insekten in den Topf.

Licht wie im Süden und feuchte Luft

Orchideen lieben eine relativ hohe Luftfeuchtigkeit, weil sie daran gewöhnt sind, Wasser direkt aus der Luft aufzunehmen. Außerdem brauchen sie viele Stunden Licht – aber bitte keine grelle Sonne!

Weil die meisten der Orchideen, die als Zimmerpflanzen gepflegt werden, aus der Region der Nebelwälder und aus tropischen Regenwäldern stammen, sind sie an hohe Temperaturen und eine hohe Luftfeuchte gewöhnt. Sie stehen Tag und Nacht in frischer, sauerstoffreicher Luft und bekommen rund ums Jahr fast zwölf Stunden Licht am Tag.

In dunklen Ecken und im Winter sollte eine Zusatzbeleuchtung die Orchideen mit Licht verwöhnen.

Reichlich Luftfeuchte

Wer Orchideen erfolgreich pflegen will, muss dafür sorgen, dass die Luftfeuchte den Ansprüchen der Pflanzen genügt. Am besten gedeihen Orchideen in unseren Wohnungen bei 50–80 % Luftfeuchtigkeit – ein Wert, bei dem auch wir Menschen uns am wohlsten fühlen. Dieser Wert wird in den Zimmern moderner Häuser nur selten erreicht, er kann aber mit relativ einfachen Mitteln erhöht werden (→ Seite 48/49).

Warme Luft nimmt mehr Wasser auf

Die Luftfeuchtigkeit gibt den Wasserdampfgehalt der Luft an. Sie wird meist in Prozent angegeben und hängt immer von der Temperatur ab. Luft mit einer Temperatur von 10 °C enthält 10 g Wasserdampf pro Kubikmeter, dies entspricht einer Luftfeuchte von 100 %. Luft mit einer Temperatur von 22 °C muss dagegen, um ebenfalls 100 % Luftfeuchte zu haben, 20 g Wasserdampf pro Kubikmeter aufnehmen. Für die Pflege von Orchideen heißt das, dass man bei höheren Temperaturen den Wasserdampfgehalt erhöhen muss, um z. B. eine Luftfeuchte von 80 % zu erhalten. Nur dann gedeihen die Pflanzen gut.

Luftfeuchtigkeit messen

Man misst die Luftfeuchte mit einem Hygrometer, am besten mit einem Haarhygrometer. Es enthält ein Haar bzw. eine Kunstfaser, die sich mit zunehmender Feuchtigkeit ausdehnt. Da sich solche Geräte im Lauf der Zeit verstellen, sollte man sie regelmäßig neu justieren. Dies ist aber nur bei qualitativ hochwertigen Hygrometern mit einer Einstellschraube möglich. Hierzu wickelt man das Gerät in ein nasses Handtuch und stellt den Zeiger nach mehreren Stunden auf 100 %. Alternativ kann man das Hygrometer im Fachgeschäft justieren lassen.

Wann brauchen Orchideen feuchtere Luft?

Die Luftfeuchtigkeit hängt auch davon ab, wie Orchideen kultiviert werden.

- So gedeiht eine Orchidee im Topf auch bei 50–60 % Luftfeuchtigkeit gut, weil sie über die Wurzeln ausreichend mit Wasser versorgt wird. Rund 97 % des Gießwassers verdunsten über die Blätter und das Substrat und sorgen für eine hohe Luftfeuchtigkeit rund um die Pflanze. Deshalb ist es kaum nötig, durch Sprühen die Luftfeuchte anzuheben.
- Epiphytisch kultivierte Orchideen, die z. B. auf Holz auf-

Begleitpflanzen schützen auf der Fensterbank ebenso wie im Wintergarten vor gefährlichen Sonnenstrahlen zur Mittagszeit.

gebunden sind oder im Korb gepflegt werden (→ Seite 38/39), können dagegen nur aus der Luft Feuchtigkeit aufnehmen. Sie brauchen deshalb eine Luftfeuchte von mindestens 60 %, besser 70–80 %.

- Die Höhe der Luftfeuchtigkeit hängt auch davon ab, ob Begleitpflanzen in der Nähe der Orchideen stehen (→ Seite 25). Sie verdunsten Wasser über die Blätter und sorgen so für eine höhere Luftfeuchte.
- Nur bei Jungpflanzen sowie frisch getopften Pflanzen ist es nötig, die Luftfeuchte durch Sprühen anzuheben. Weil die Luftfeuchte dadurch aber nur kurz steigt, sollte man die Feuchtigkeit durch Verdunster an Heizkörpern oder Fensterbankschalen (→ Seite 48/49) zusätzlich erhöhen.

Viele Stunden Licht

Wie alle Pflanzen brauchen Orchideen Licht, um Photosynthese betreiben zu können. Mithilfe von Sonnenlicht und dem grünen Farbstoff Chlorophyll in den Blättern bilden sie aus Wasser und dem Kohlendioxid der Luft Kohlenhydrate als Reservestoffe. Bei diesem Prozess setzen sie außerdem Sauerstoff frei.

Zwar vertragen die meisten Orchideen als Gewächse, die im lichten Schatten anderer Urwaldpflanzen wachsen, keine direkte Sonne. Als Pflanzen der Tropen und Subtropen sind sie jedoch daran gewöhnt, dass sie fast immer gleich viele Stunden Licht bekommen. In Äquatornähe z. B. beträgt die Tageslänge rund ums Jahr ca. zwölf Stunden. Bei uns dagegen bekommen Orchideen im Sommer bis zu 16 Stunden und im Winter oft nur zwei Stunden Licht.

Die richtige Lichtstärke

Auch die Lichtstärke verändert sich bei uns im Lauf eines Tages und eines Jahres sehr stark.

- Die Lichtstärke liegt an einem normalen Sommertag bei uns zwischen 50 000 und 100 000 Lux, im Frühjahr und Herbst beträgt sie ca. 30 000 Lux. An einem trüben Wintertag erreicht die Lichtstärke nur noch 5000 Lux, und auch das nur für wenige Stunden. Je nach Art benötigt eine Orchidee jedoch im Durchschnitt 10 000–30 000 Lux, um gut wachsen zu können. Schattenverträgliche Arten der Gattung *Odontoglossum* kommen mit 5000–10 000 Lux aus, lichthungrige wie *Phalaenopsis* brauchen dagegen über 25 000 Lux.

Die Lichtstärke ist auch vom Standort im Zimmer abhängig: Bereits 1 m vom Fenster entfernt ist die Lichtstärke um mehr als 50 % verringert. Auch dem Fenster gegenüberstehende Häuser oder Bäume können so starke Schatten werfen, dass die Lichtintensität für die Orchideen nicht mehr ausreicht.

An dunklen Standorten und während der Wintermonate ist deshalb meist ein Zusatzlicht notwendig, damit die Orchideen gut gedeihen (→ Seite 48/49). Denn Orchideen, die nicht genug Licht bekommen, bilden oft keine Blütentriebe mehr oder werfen – wie etwa *Phalaenopsis* – bei Lichtmangel ihre Blütenknospen ab.

Umgekehrt kann aber auch eine zu hohe Lichtstärke für die Pflanzen schädlich sein. So vertragen Orchideen z. B. keine direkten Sonnenstrahlen im Frühjahr und Sommer. In dieser Zeit ist oft eine Schattierung (→ Seite 48) unerlässlich, damit die sensiblen Blätter nicht verbrennen.

Hier fühlen sich Orchideen wohl

Ob lichte Fensterbank oder Pflanzenvitrine – Orchideen fühlen sich an vielen Plätzen im Haus wohl, wenn sie vor greller Sonne geschützt stehen und Begleitpflanzen für gutes Klima sorgen.

Fensterbankschalen sorgen in trockenen Zeiten für eine hohe Luftfeuchtigkeit.

Ob als Einzelpflanzen oder in Gemeinschaft mit Artgenossen oder anderen Pflanzen – Orchideen werden an den verschiedensten Plätzen im Haus zu einem exotischen Blickpunkt.

Orchideen auf der Fensterbank

In den meisten Fällen finden Orchideen auf einer Fensterbank ihr neues Zuhause. Denn dort kommen die Pflanzen nicht nur besonders gut zur Geltung, sondern sind auch leicht zu pflegen. Ein Fenster für Orchideen sollte hell sein, allerdings darf die Sonneneinstrahlung am Mittag nicht zu intensiv sein.

- Ideale Orchideenstandorte sind breite Ost- und Westfenster. Sie bieten fast immer genug Licht, sodass sich die meisten Orchideen hier das ganze Jahr über wohl fühlen. Achten Sie aber darauf, ob die Fenster durch breite Rahmen und Fensterkreuze, Balkone, Wintergärten o. Ä. nicht beschattet werden. Ist dies der Fall, müssen Sie eventuell für ein Zusatzlicht sorgen.
- Südfenster sind nur geeignet, wenn sie – vor allem im Frühjahr und Sommer – während der Mittagszeit beschattet werden. Hier sind Balkon, Nachbarhäuser oder Laubbäume von Vorteil, weil sie Schatten bieten. Nadelbäume haben den Nachteil, dass sie auch im Winter Schatten werfen. Fehlen solche Schattenspender, sollten Sie Ihre Orchideen am Mittag durch Rollos, Gardinen, Marki-

Eine vielfältig bepflanzte Orchideen-Vitrine ist vor allem zur Blütezeit ein exotischer Blickfang.

sen u. Ä. vor der grellen Sonne schützen (→ Seite 48).

- Ein Nordfenster ist meist nur geeignet, wenn es hell und frei von jeder Schattierung ist. Trotzdem leiden die Pflanzen hier oft an Lichtmangel und kommen nicht wieder zur Blüte. An solchen Fenstern gedeihen Orchideen nur mit Zusatzlicht (→ Seite 48/49).
- Besonders gut entwickeln sich Orchideen an hellen Küchen- oder Badezimmerfenstern, da dort die Luftfeuchtigkeit meistens hoch ist.
- Unter fast jedem Fenster steht heute ein Heizkörper. Dieser gibt den Pflanzen zwar warme »Füße«, lässt aber die Luftfeuchte im Winter oft unter 50 % sinken. In diesem Fall ist es unerlässlich, die Luftfeuchtigkeit z. B. durch Verdunstungsschalen zu erhöhen (→ Seite 48/49).
- Ideal für die Orchideenpflege ist ein zweites Fenster, an dem die Pflanzen in der Ruhephase (→ Seite 21) etwas kühler stehen können. Hierzu eignet sich ein helles Fenster im Flur oder im Schlaf- oder Gästezimmer.
- Fensterbänke lassen sich oft zu einem Blumen- oder Orchideenfenster umgestalten (→ Seite 29). Es bietet den Pflanzen ein besonders gutes Kleinklima, weil seitlich angebrachte Glasscheiben für eine konstante Luftfeuchtigkeit sorgen.

Blüten hinter Glas: die Orchideenvitrine

Eine so genannte Orchideenvitrine ist nichts anderes als ein Glaskasten mit einer Öffnung. In ihr finden vor allem Wärme liebende, kleinwüchsige und auf Aststücken als Epiphyten kultivierte Orchideen (→ Seite 38/39) das ideale Zuhause, weil sie eine gleichmäßig hohe Temperatur und Luftfeuchte bietet. Obendrein ist eine Vitrine ein Schmuckstück für jedes Zimmer und verwandelt mit einer Zusatzleuchte dunkle Ecken in perfekte Orchideenstandorte. Orchideenvitrinen gibt es allerdings kaum zu kaufen. Sie können sie aber einfach selber bauen, indem Sie zugeschnittene Glasscheiben wie ein Terrarium zusammensetzen. Das hat den Vorteil, dass Sie die Vitrine in der von Ihnen gewünschten Größe bauen können. Oder Sie zweckentfremden ein altes Terrarium oder Aquarium. Rück- und Seitenwände können – je nach Geschmack – aus Holz oder Aluminium bestehen.
Mit der richtigen Ausstattung schaffen Sie in der Vitrine das ideale Mikroklima:

- Weil Orchideen auch in einer Vitrine frische Luft brauchen, sollte sie vorne oder oben eine Öffnung haben, damit die Luft zirkulieren kann. Die Öffnung sollte groß genug sein, dass man bequem durchfassen und die Pflanzen pflegen kann.
- Für frische Luft sorgen auch Mini-Ventilatoren aus Computern oder dem Apparatebau. Bewährt haben sich 12-Volt-Mini-Ventilatoren, die von einem 6-Volt-Netzteil gespeist werden. Sie erzeugen keinen heftigen Luftzug, sondern nur

Praxisinfo

BEGLEITPFLANZEN FÜR EIN GUTES KLIMA

- Für Vitrinen mit ca. 40 x 40 x 40 cm Größe eignen sich: Bromelien, Dieffenbachie (*Dieffenbachia*), Erdstern (*Cryptanthus bivittatus*), Keulenlilie (*Cordyline*), Korbmarante (*Calathea*), Leuchterblume (*Ceropegia woodii*), Pfeilwurz (*Maranta*), Tüpfelfarn (*Davallia bullata*)
- Für Fensterbank, Wintergarten, Gewächshaus: Australische Silbereiche (*Grevillea robusta*), Baumfreund (*Philodendron*), Birkenfeige (*Ficus*), Dickähre (*Pachystachys lutea*), Fensterblatt (*Monstera*), Geweihfarn (*Platycerium*)

einen schwachen Luftstrom, den Orchideen gut vertragen.
▪ Für hohe Luftfeuchtigkeit sorgt eine wasserdichte flache Schale auf dem Boden der Vitrine, über der ein Gitter (Fachhandel) liegt. Die Schale wird mit Wasser gefüllt, das langsam verdunstet.

Minicattleyen wie Sophrolaeliocattleya *finden auch in der kleinsten Ecke Platz.*

▪ Statt mit Bodenschalen können Sie auch mit einem Mini-Nebler die Luftfeuchte anheben. Er wird in einen kleinen Wasserbehälter am Boden der Vitrine eingesetzt und zerstäubt Wasser durch Ultraschallwellen. Sie müssen nur regelmäßig für Wassernachschub sorgen.
▪ Für die nötige Temperatur sorgen Lampen oder im Vitrinenboden verlegte Heizmatten.
▪ In die Schale auf dem Vitrinenboden können Sie auch Begleitpflanzen (→ Praxisinfo Seite 25) setzen. Sie verdunsten über ihre Blätter Wasser und steigern so die Luftfeuchtigkeit.
▪ Ein Sonderfall der Vitrine ist das **Paludarium**: Es verbindet Terrarium und Aquarium, besteht also aus einem Wasserbecken und einem Landteil und ist bei vielen Amphibien- und Reptilienfreunden beliebt. Im geschützten Klima des Paludariums gedeihen Wärme liebende epiphytische Orchideen besonders gut. Sie verleihen dem kleinen Refugium mit seinen Amphibien oder Reptilien das passende exotische Flair.

Orchideenoase im Wintergarten

Wintergärten mit ihrer hohen Luftfeuchte und unterschiedlich temperierten Standorten bieten vielen Orchideen ideale Bedingungen: An den Fenstern fühlen sich Orchideen wohl, die es hell mögen, an der Seite zum Haus und im lichten Schatten von Begleitpflanzen (→ Praxisinfo Seite 25) finden Orchideen, die Halbschatten lieben, einen passenden Platz.
▪ In beheizten Wintergärten gedeihen Orchideen aus dem warmen Bereich.
▪ Schwach geheizte Wintergärten sind nachts kühler als die beheizte Wohnung. Hier entwickeln sich vor allem Orchideen, die es kühl oder temperiert mögen, zu Prachtexemplaren.
▪ Entscheidend für eine erfolgreiche Orchideenkultur ist die richtige Nachtabsenkung (→ Seite 21). Die Wahl der Orchideen hängt deshalb von der Temperatur ab, die nachts in Ihrem Wintergarten herrscht. Für einen kühlen Wintergarten wählen Sie Orchideen, die kühl kultiviert werden wollen. Ist der Wintergarten auch nachts beheizt, können Sie Orchideen wählen, die es warm mögen.
▪ In Wintergärten ist die Temperatur meist nicht an jeder Stelle gleich. An den Außenwänden ist es – besonders nachts – sehr viel kühler als an den Seiten zum Wohnraum. Hängen Sie deshalb das Minimum-Maximum-Thermometer (→ Seiten 46, 49) an verschiedenen Stellen auf. So finden Sie heraus, welche Stellen warm und welche eher kühl sind. Diese unterschiedlichen Bereiche können Sie nutzen, indem Sie kühl zu kultivierende Orchideen an kühlere Stellen und warm zu kultivierende an geschützte Plätze stellen.
▪ Überlegen Sie gut, bevor Sie warm oder temperiert zu kultivierende Orchideen wählen. Sie müssen den Wintergarten dann im Winter nachts auf die Temperatur von 16 °C bzw. 12 °C aufheizen – das erhöht die Heizkosten deutlich.
▪ Direkte Sonne verträgt keine Orchidee. Darum ist besonders im Frühjahr und Sommer eine Schattierung durch Begleitpflanzen oder Rollos nötig.

Orchideen unter Glas: das Gewächshaus

Wer im Haus zu wenig Platz für Orchideen hat, aber ein Gewächshaus besitzt, kann es zum Orchideenquartier machen. Geeignet sind handelsübliche Kleingewächshäuser, die folgende Kriterien erfüllen:

Lebensbedingungen fast wie in der Natur bietet ein Gewächshaus: Hier entwickeln sich die verschiedensten Orchideenarten und -Hybriden zu voller Pracht und Größe.

- Sie sollten mindestens zwei Fenster haben.
- Es sollten möglichst wenige Teile der Metallkonstruktion von der Innen- zur Außenseite führen. An diesen Stellen entstehen Kältebrücken, die Wärme nach außen ableiten und den Tropfenfall im Gewächshaus fördern.
- Als Material haben sich Doppelstegplatten aus Polycarbonat oder Acryl bewährt. Sie isolieren sehr gut, und es bildet sich im Gegensatz zum Glas kein Kondenswasser. Beide Materialien halten UV-Strahlen viele Jahre stand. Tipp für Selbstbauer: Polycarbonat lässt sich gut mit Messer, Stich- oder Kreissäge bearbeiten.
- Um Energie zu sparen, sollte der Standort windgeschützt liegen. Ungünstig ist ein Platz unter Bäumen, weil das Gewächshaus hier durch Laub oder Vogeldreck verschmutzt.
- Überziehen Sie im Winter das Gewächshaus mit Noppenfolie. Diese Isolierung spart enorm viel Energiekosten.
- Neben einer temperaturgesteuerten Heizung ist eine Schattierung wichtig. Bei Innenkonstruktionen muss das fast lichtundurchlässige Gewebe (66%iger Schattierwert) luftdurchlässig sein. Aufwendiger, aber wirksamer ist eine Außenkonstruktion. Sie wird in ca. 20 cm Abstand zu den Scheiben montiert und schattiert nicht nur, sondern kühlt, was den Orchideen in den Sommermonaten sehr entgegenkommt.

Ausreichende Lüftung

Gewächshaus und Wintergarten müssen im Sommer gut gelüftet werden. Bewährt hat sich eine »Zwangsentlüftung«. Dabei saugt ein oben im Raum montierter Ventilator, der durch eine Schaltuhr gesteuert wird, die Luft aus dem Raum. Durch Öffnungen unten im Raum fließt frische Luft nach.

› FRAGE & ANTWORT

Expertentipps rund um die Planung

Orchideen gehören zu einer der faszinierendsten Pflanzenfamilien: Sie sind außergewöhnlich vielfältig und manche von ihnen haben eine extrem lange Blütezeit. Wer Orchideen pflegt und sammelt, wird im Umgang mit ihnen immer wieder auf interessante Fragen stoßen.

? Ich besitze seit kurzem einige Orchideen, die wunderschön blühen. Wie lang kann die Blüte anhalten und wie oft können Orchideen blühen?

Eine generelle Antwort auf diese Frage gibt es nicht, denn die verschiedenen Orchideenarten und -Hybriden blühen unterschiedlich lange und zu verschiedenen Zeiten. Einige wenige Arten wie *Flickingeria* blühen gerade einmal mehrere Stunden, andere wie *Phalaenopsis* können monatelang blühen, im Durchschnitt sind es acht bis zwölf Wochen. Cattleyen mit zarten Blüten blühen drei bis sechs Wochen, Arten mit festen Blüten bis zu acht Wochen. *Stanhopea* blüht mehrere Tage. Die Blühphase insgesamt dauert bei dieser Pflanze zwei bis drei Wochen. Die Revolverblüher bei *Paphiopedilum* oder *Psychopsis* blühen leicht länger als ein Jahr. Allerdings halten sich nicht die Einzelblüten so lange, vielmehr öffnet sich an ein und der selben Rispe immer wieder eine neue Blüte. Andere Gattungen wie *Cochleanthes* bringen in der Wachstumsphase wiederholt neue Blüten hervor, sodass sie über einen langen Zeitraum mit nur kurzen Pausen immer wieder blühen.

Die meisten Orchideen blühen im Jahresrhythmus wieder und halten sich so an einen relativ bestimmten Blühtermin. Dieser Blühtermin wird, wenn notwendig, durch die Ruhephase eingeleitet. Bei vielen Hybriden ist es jedoch teilweise sehr schwierig, den genauen Zeitpunkt der Ruhephase herauszufinden, da sie aus verschiedenen Arten gekreuzt wurden. Selbst zwei identische Hybriden können sich im Zeitpunkt ihrer Ruhephase und der darauf folgenden Blüte unterscheiden.

Sollte eine Orchidee in einem Jahr einmal nicht zur Blüte kommen, dann leiten Sie im nächsten Jahr die Ruhephase einfach zu einem anderen Zeitpunkt ein, indem Sie die Pflanze kühler stellen, oder Sie halten eine längere Ruhephase ein. *Phalaenopsis* begnügen sich eigentlich mit der üblichen Nachtabsenkung um 4 °C. Doch wenn das nicht reicht und die Pflanze innerhalb eines Jahres nicht wieder zur Blüte kommt, kann man auch diese Pflanzen etwas kälter stellen, um die Blüte anzuregen.

? Ich interessiere mich dafür, wie die verschiedenen Orchideen miteinander verwandt sind. Wie kann man die Orchideengattungen voneinander unterscheiden?

Tatsächlich sehen sich Arten verschiedener Orchideengattungen oft sehr ähnlich. Trotzdem gibt es genaue Unterscheidungsmerkmale zwischen den einzelnen Gattungen. *Cattleya* und *Laelia* sind etwa durch die Anzahl ihrer Pollenpakete klar voneinander zu unterscheiden: *Cattleya* hat vier Pakete, *Laelia* acht. *Paphiopedilum*, der asiatische Frauenschuh, und *Phragmipedium*, der südamerikanische Frauenschuh,

unterscheiden sich deutlich in der Art und Weise, wie sie verblühen: Während *Paphiopedilum* am Stiel verwelkt, fallen die Blüten der *Phragmipedium* im blühenden Zustand einfach ab. *Bulbophyllum* und *Cirrhopetalum* lassen sich am Blütenstand unterscheiden. Bei *Cirrhopetalum* entspringen die Blütenstiele alle in einem Punkt, der Blütenstand bildet eine Dolde. Bei *Bulbophyllum* ist er dagegen traubenförmig.
Auch moderne Methoden helfen, Verwandtschaftszugehörigkeiten von Orchideen festzustellen. Mithilfe der Genetik untersucht und vergleicht man – ähnlich wie Fingerabdrücke – die Erbsubstanz (DNA) der verschiedenen Arten und Gattungen. Dabei gewinnen die Forscher oft ganz neue Erkenntnisse über die Verwandtschaftsverhältnisse. Es kommt deshalb immer wieder vor, dass bisherige Orchideengattungen in verschiedene neue Gattungen aufgesplittet werden oder manche Orchideenarten anderen Orchideengattungen zugeordnet werden müssen.

? Welche Nutzpflanzen gibt es unter den Orchideen?

Die bekannteste Nutzpflanze ist die Schlingpflanzen ähnliche Vanille (*Vanilla planifolia*). Entdeckt und kultiviert wurde sie zuerst von den Azteken. Sie nutzten sie als Gewürz, als Parfüm und auch als Heilmittel. Nach Europa brachten die Vanille die Spanier. Schließlich wurde die Vanille durch die Franzosen auf den Inseln des Indischen Ozeans angebaut, als Erstes auf der Insel Réunion, damals »Ile Bourbon« genannt – daher der Begriff Bourbon-Vanille. Heute wird Vanille weltweit in den Tropen und Subtropen angebaut.
Aber auch andere Orchideen werden als Nutzpflanzen verwendet. Die Stärke türkischer Orchideen wird zur Speiseeisherstellung benutzt, der Presssaft der japanischen *Bletilla striata* und der südamerikanischen *Cyrtopodium* als Klebstoff, Blätter der madagassischen *Angraecum fragrans* werden als Tee aufgebrüht, und *Dendrobium nobile* wird in China als Heilpflanze genutzt.

? Ich möchte meine Fensterbank zu einem Orchideenfenster umgestalten. Was muss ich dabei beachten?

Dank seiner speziellen Konstruktion schafft ein Orchideen- oder Blumenfenster nicht nur viel mehr Platz für Ihre Pflanzen, sondern bietet den Orchideen auch ein optimales Kleinklima. Der Umbau einer Fensterbank zum Orchideenfenster ist relativ einfach. Wenn Sie zur Miete wohnen, sollten Sie jedoch vorher Ihren Vermieter um Erlaubnis bitten.
Bringen Sie als Erstes ein neues Fensterbrett an, das so tief wie möglich sein sollte, und statten Sie es mit wasserdichten Pflanzschalen aus. Darauf legen Sie in der Größe passende Drahtgitter, auf denen später die Orchideen stehen. Alternativ können Sie auch einen Holzrahmen in der entsprechenden Größe mit Teichfolie auskleiden und ein Drahtgitter darüberlegen. Die Pflanzen befinden sich dann über den mit Wasser gefüllten Schalen bzw. der Teichfolie und profitieren von dem verdunstenden Wasser. Nun bringen Sie an den Seiten des Orchideenfensters schmale Glasscheiben an, sodass die Fensterbank seitlich ganz abgeschlossen und nur noch zum Raum hin geöffnet ist. So entsteht ein ideales Mikroklima mit gleichmäßiger Luftfeuchtigkeit. Stehen die Pflanzen zu dicht, sollten Sie kleine Ventilatoren installieren, die für ausreichend Frischluft sorgen.

? In meinem Paludarium herrscht ständig 80 % Luftfeuchtigkeit. Ist eine so hohe Luftfeuchtigkeit für Orchideen noch geeignet?

Wenn die Luftfeuchte wirklich ständig bei 80 % liegt, bekommt das Ihren Orchideen auf Dauer nicht sehr gut. Tropische Orchideen mögen zwar hohe Luftfeuchtigkeit, sind aber andererseits auch an kurze trockenere Phasen gewöhnt. Denn an ihrem Naturstandort sinkt um die Mittagszeit durch die extreme Sonneneinstrahlung die Luftfeuchtigkeit deutlich ab. Sorgen Sie deshalb möglichst dafür, dass die Luftfeuchtigkeit in Ihrem Paludarium tagsüber auf 60 % fällt. Ist das aufgrund der Bedürfnisse der anderen Lebewesen im Paludarium nicht möglich, sollten Sie die Orchideen zunächst nur aufgebunden kultivieren (→ Seite 39), weil epiphytisch lebende Orchideen Wasser aus der Luft aufnehmen und eine höhere Luftfeuchtigkeit vertragen. Wachsen die aufgebundenen Orchideen gut, können Sie später ausprobieren, ob auch Orchideen im Topf in Ihrem Paludarium wachsen.

2

Pflanzen-praxis

Ein gelungener Start

Mit dem richtigen Know-how sorgen Sie dafür, dass Ihre Orchideen zu prächtigen Pflanzen heranwachsen und viele Jahre Freude machen. Gute Qualität, geeignetes Substrat, die passende Kulturform und sachgerechtes Eintopfen schaffen beste Ausgangsbedingungen.

Orchideenkultur verlangt am Anfang etwas Einsatz. Doch Ihre Mühe lohnen die Pflanzen in Form üppiger und lang anhaltender Blüten.
Die Grundlage für eine erfolgreiche Orchideenkultur beginnt beim Kauf: Wählen Sie in jedem Fall nur Pflanzen, die sich im besten Zustand befinden (→ Seite 34/35). Sparen sollten Sie auch auf keinen Fall an der Qualität des Substrats. Zusammen mit der geeigneten Kulturform ist dies die Basis dafür, dass sich Ihre Orchideen gut entwickeln und zu stattlichen Pflanzen heranwachsen.

Die verschiedenen Orchideen können auf unterschiedliche Art und Weise kultiviert werden. Ob Sie sich für Topf-, Block- oder Korbkultur entscheiden (→ Seite 38/39), ist meist eine Frage des persönlichen Geschmacks. Nur in den wenigsten Fällen verlangt eine Orchideenart eine ganz bestimmte Kulturform. Die meisten kann man im Topf genauso gut pflegen wie im Korb. Viele Orchideenliebhaber wählen jedoch die Topfkultur, weil sie einfach und unkompliziert ist und sich auf jeder Fensterbank verwirklichen lässt.

So wachsen Orchideen wie in der Natur

Wer die Möglichkeit hat, sich ein Orchideenfenster oder eine Vitrine einzurichten oder gar über einen Wintergarten verfügt, kann sich mehr exotisches Flair ins Haus holen, indem er seine Orchideen auf ein Stück Holz oder Kork aufgebunden oder in einem Korb kultiviert. Bei diesen beiden Kulturformen können die Blütenrispen dekorativ herabhängen. Aber auch im Ampeltopf, der in jedem Fenster hängen kann, kommen Orchideen mit hängenden Blütenrispen gut zur Geltung.
Orchideenwurzeln sind sensibel: Weil die meisten an ein Leben in freier Luft gewöhnt sind, wollen sie regelmäßig frisches, lockeres Substrat, um atmen zu können. Schwere, nasse Erde vertragen sie nicht, ebenso wenig altes, verdichtetes Substrat. Vergessen Sie deshalb nicht, Ihre Pfleglinge regelmäßig umzutopfen.

In Korbkultur gezogene Orchideen lassen Urwaldatmosphäre entstehen. Hilfreich ist dabei praktisches und schönes Zubehör.

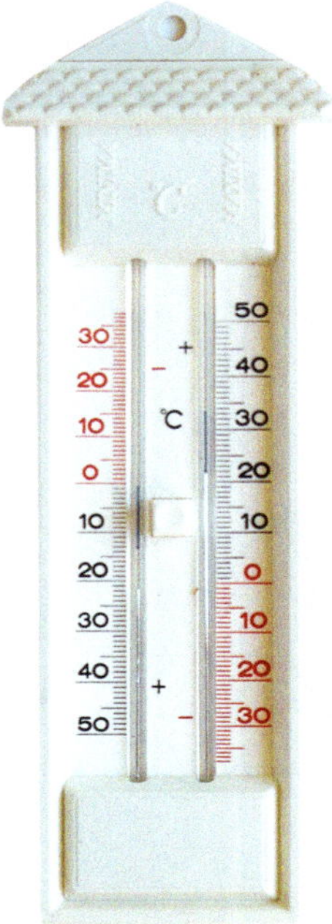

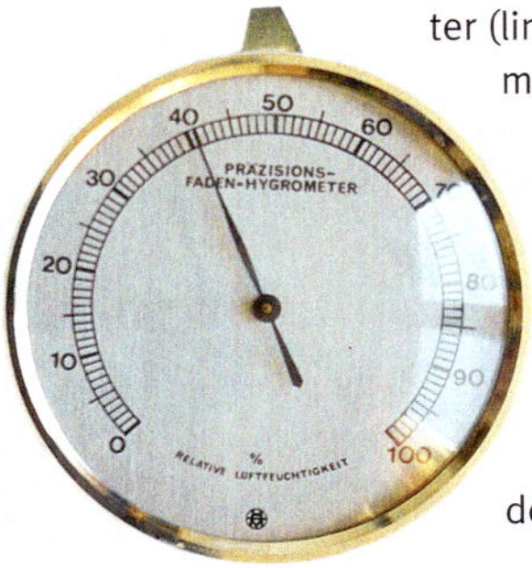

NÜTZLICHE MESSGERÄTE

Zur Grundausrüstung für eine gute Orchideenpflege gehört ein Minimum-Maximum-Thermometer (links). Mit seiner Hilfe kann man die höchste und die niedrigste Temperatur in einem Raum feststellen. In großen Räumen oder Wintergärten hängen Sie das Thermometer zum Messen am besten abwechselnd an verschiedenen Stellen auf, denn an Außenwänden oder in der Mitte des Raums können die Temperaturen im Verlauf von Tag und Nacht sehr unterschiedlich sein. Ein Hygrometer (rechts) dient dazu, die Luftfeuchte zu kontrollieren. Dies ist notwendig, um entscheiden zu können, ob die Luftfeuchte für die Orchideen ausreicht oder ob Sie sie erhöhen müssen. Vergessen Sie nicht, das Hygrometer regelmäßig neu zu justieren (→ Seite 22).

Basics für die Orchideenpflege

ZUBEHÖR FÜR DIE VERSCHIEDENEN KULTURFORMEN

1 Bei der Topfkultur hat man die Wahl: Tontöpfe sind dekorativ, erfordern aber fein dosiertes Gießen. In Plastiktöpfen läuft das Wasser gut ab – es entsteht keine Staunässe. Klarsichttöpfe lassen gut erkennen, ob die Wurzeln gesund sind.

2 Epiphytische Orchideen eignen sich hervorragend für die Korbkultur in Gitterkörben.

3 Epiphyten gedeihen auch in Blockkultur: Sie wachsen auf Ästen oder Kork, die Wurzeln werden von Sphagnum bedeckt. Draht hält alles zusammen.

4 Ein Namensschild an jeder Orchidee sorgt dafür, dass man auch nach Jahren noch weiß, um welche Art oder Hybride es sich handelt.

SPRÜHFLASCHE, SCHERE & CO.

1 Sprühflaschen sind nützlich, um die Luftfeuchte zu erhöhen. Für gute Geräte gibt es Ersatzteile.

2 Gartenschere und Messer sind hilfreich beim Schneiden von Wurzeln und Trieben. Damit diese nicht gequetscht werden, müssen die Klingen immer scharf sein.

3 Mit Bambus- oder Holzstäben verschiedener Längen und ummanteltem Draht findet jede Rispe Halt.

4 Gießkannen mit langer Tülle sind vorteilhaft – mit ihnen kann man »gezielt« die Wurzeln gießen.

5 Orchideendünger – flüssig oder fest – versorgt die Pflanzen mit Nährstoffen und Spurenelementen.

Thermometer, Hygrometer, Sprühflasche und Gartenschere gehören zur Grundausrüstung. Mit qualitativ hochwertigem Zubehör wird die Orchideenpflege – ob Topf-, Korb- oder Blockkultur – fast zum Kinderspiel.

BUNTE CLIPS HALTEN BLÜTENRISPEN

Zum Anbinden von Rispen sind mittlerweile sehr schöne Clips in Schmetterlings- oder in Libellenform im Handel. Wer es nicht so bunt mag, für den gibt es die Clips auch in kleinerer Ausführung und brauner Farbe. Und wer es ganz edel liebt, wählt lange Glasstäbe mit einer Spirale am Ende. Sie sind sehr dekorativ und halten die Rispe gut fest.

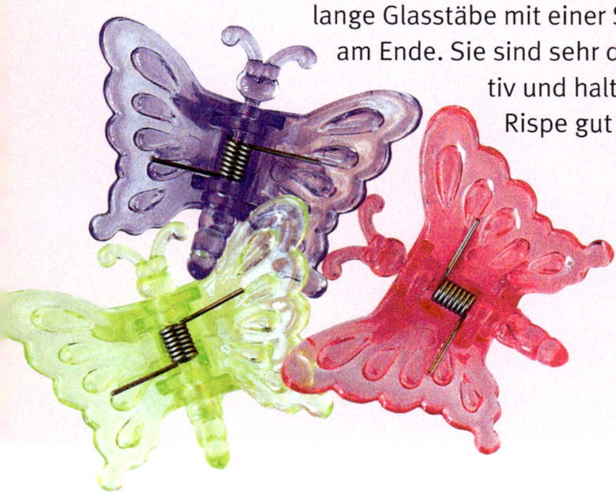

ORCHIDEEN-KINDERSTUBE

Orchideen-Keimlinge werden im Sterilbehälter angeboten (1). Sind sie zu zweijährigen Pflanzen herangewachsen, setzt man sie in einen Gemeinschaftstopf (2). Mit drei Jahren sind sie so groß, dass sie im Einzeltopf in den Handel kommen (3). Doch am häufigsten werden blühfähige und blühende Orchideen verkauft (4).

Kriterien für den Orchideenkauf

Achten Sie beim Orchideenkauf immer auf die Qualität. Und wenn Sie schon beim Kauf wissen, ob Sie eine Pflanze für einen warmen, temperierten oder kühlen Platz brauchen, wird die Auswahl sicher ein Erfolg.

Orchideen gehören nicht zu den billigsten Zimmerpflanzen – manche haben ihren Preis. Umso wichtiger ist es, dass Sie beim Kauf wissen, worauf Sie achten müssen und wie Sie Orchideen von guter Qualität erkennen. Dann lohnt sich die Investition – denn Orchideen haben nicht nur eine extrem lange Blütezeit, sondern auch eine lange Lebensdauer.

Qualität erkennen

Orchideen findet man im Supermarkt, Blumen-Fachgeschäft oder in Spezial-Gärtnereien.

- Im Blumen-Fachgeschäft oder bei speziellen Orchideen-Gärtnereien haben Sie nicht nur eine sehr große Auswahl, sondern können im Allgemeinen auch sicher sein, dass die Orchideen fachgerecht versorgt werden.
- Gängige und leicht zu kultivierende Arten wie *Phalaenopsis* werden oft auch in Supermärkten zu günstigen Preisen angeboten. Wenn die Qualität stimmt, steht einem Schäppchenkauf nichts im Weg.

Doch egal, wo Sie Ihre Orchideen erwerben, prüfen Sie die Pflanzen Ihrer Wahl vor dem Kauf genau.

Orchideen-Check

- Als Anfänger wählen Sie nur Orchideen aus, die blühen oder Knospen tragen. Bei Exemplaren, die nicht blühen, wissen Sie nie, wann sie blühen werden.
- In unseren Breiten ist es im Winter für Orchideen zu dunkel. Es bleibt deshalb in dieser Jahreszeit nicht aus, dass Knospen gelb werden und eintrocknen. Solange dies höchstens bei ein bis drei Knospen der Fall ist, können Sie dies tolerieren. Mehr Knospen dürfen jedoch nicht vergilbt sein, sonst liegen Kulturfehler vor.
- Kaufen Sie im Winter keine Pflanzen mit Rispen, an denen die Knospen noch sehr klein sind. Sie werden sich bei Ihnen zu Hause mit großer Wahrscheinlichkeit nicht richtig weiterentwickeln und keine großen, bunten Blüten ausbilden. Dies liegt daran, dass Orchideen in einem Wohnraum nor-

Spezialgärtnereien bieten ein umfangreiches Angebot von Orchideen-Arten und -Hybriden.

Gesunde Wurzelspitzen sind lang und fest sowie grünlich bis rötlichbraun gefärbt.

malerweise weniger Licht bekommen als im Verkaufsraum einer Gärtnerei, der mit speziellem Kunstlicht ausgestattet ist. Wenn die Pflanze jedoch schon blüht und sich nur ein bis zwei Knospen noch entwickeln müssen, wird dies kein Problem sein.

- Der letzte, also jüngste ausgewachsene Trieb sollte bei sympodialen (mehrsprossigen) Orchideen immer so lang oder länger sein wie der vorletzte Trieb. Bei monopodialen (einsprossigen) Orchideen sollte das oberste Blatt genauso groß oder noch größer sein wie das darunter. Ist das nicht der Fall, ist dies ein deutliches Zeichen dafür, dass diese Pflanze in der letzten Zeit nicht sehr gut gepflegt wurde.
- Durch die heutzutage handelsüblichen durchsichtigen Töpfe kann man sehr leicht prüfen, ob die Wurzeln der Orchideen gesund und intakt sind. Ein Merkmal für gute Kultur sind Wurzeln mit grünen oder rötlich-braunen Spitzen (→ Abb. links). Es reicht allerdings, wenn zumindest ein Teil der Wurzeln grüne, feste Spitzen hat.
- Prüfen Sie, ob die Orchideen zu nass standen. Das erkennen Sie daran, dass das Substrat frisch und locker ist. Zerfällt es leicht und steht die Pflanze wackelig im Topf oder ist das Substrat ganz oder teilweise von Moos überwuchert, stand die Pflanze längere Zeit zu nass. Meist sind die Wurzeln dann geschädigt. Solche Orchideen erholen sich nur schwer. Algen oder Moose auf der Innenseite des Topfes zeigen ebenfalls, dass die Pflanze länger zu nass stand.
- Befinden sich Kalk- oder Salzablagerungen auf dem Substrat oder am unteren Topfrand, sollten Sie die Orchidee stehen lassen – solche Pflanzen wurden zu stark gedüngt. Haben Sie eine solche Pflanze dennoch gekauft, sollten Sie sie umtopfen, wenn Jahreszeit und Zustand der Orchidee es zulassen (→ Seite 42/43).

Orchideenkauf per Post

Heute können Sie Orchideen auch sehr gut bei Spezial-Gärtnereien im Katalog oder im Internet aussuchen, bestellen und sich per Post liefern lassen. Das Internet bietet außerdem eine wunderbare Möglichkeit, mit Fachgärtnereien Kontakt zu halten. Und nicht zuletzt können Sie in den Chatrooms im Internet mit vielen anderen Orchideenliebhabern Ihre Erfahrungen austauschen.
Auf ihren Webseiten präsentieren Orchideen-Gärtner die meisten der Orchideen mit einem Foto. Wurden die Pflanzen mithilfe der Gewebekultur oder aus Teilstücken vegetativ vermehrt (→ Seiten 62/63 und 65), sind die bestellten Orchideen mit denjenigen auf dem Bild identisch. Bestellen Sie Orchideen, die aus Sämlingen gezogen wurden, kommt es dagegen immer zu leichten Variationen bei den Blüten und auch im Habitus – die »Geschwister« sehen niemals ganz gleich aus.

Checkliste

SO WIRD DER ORCHIDEEN-KAUF EIN ERFOLG

- ✔ Klären Sie vor dem Kauf, ob Ihre Orchidee an einem warmen, kühlen oder temperierten Platz stehen soll.
- ✔ Wünschen Sie eine schlanke Pflanze oder haben Sie Platz für eine buschige, ausladend wachsende Orchidee?
- ✔ Wollen Sie eine Orchidee im Korb oder aufgebunden kultivieren, sollten Sie fragen, ob sie sich dafür eignet.
- ✔ Transportieren Sie die Pflanze sicher: Sie sollte gut verpackt und vor Hitze oder Kälte geschützt sein (→ Seite 80).

Das geeignete Substrat

Bei der Topfkultur versorgt das Substrat die Orchideen mit Wasser und Nährstoffen und gibt ihnen Halt. Weil die meisten Orchideen in der Natur aber ohne Substrat leben, muss es die Wurzeln atmen lassen.

In der Natur wachsen viele Orchideen epiphytisch, also auf Bäumen. Sie können solche Orchideen deshalb ganz ohne Substrat aufgebunden oder mit wenig Substrat im Korb kultivieren (→ Seite 38/39). Neben den terrestrisch wachsenden Orchideen, die in der Erde wurzeln, kann man aber auch diese epiphytisch wachsenden Orchideen gut im Topf pflegen.

Zutaten für Orchideensubstrat: Rinde (1), Seramis (2), Vermiculite (3), Sphagnum (4), Perlite (5).

Nehmen Sie jedoch niemals normale Blumenerde, sondern wählen Sie immer Orchideensubstrat, das den speziellen Bedürfnissen dieser Pflanzen entspricht. Ein solches Substrat ist sowohl für terrestrisch als auch für epiphytisch wachsende Orchideen geeignet.

- Die Wurzeln epiphytischer Orchideen sind daran gewöhnt, von Luft umgeben zu sein. Sie nehmen regelmäßig Feuchtigkeit durch Regenschauer aus der Luft auf und trocknen genauso häufig wieder ab. Diesen Rhythmus von feucht und trocken muss man sowohl bei der Kultur im Topf als auch im Korb (→ Seite 38/39) nachahmen. Substrate, die sich innerhalb von zwei Jahren oder schneller zersetzen und nicht mehr locker sind, eignen sich nicht, weil sie die Wurzeln nicht atmen lassen.
- Ob ein gekauftes oder selbst gemischtes Orchideensubstrat von guter Qualität ist, können Sie leicht selber testen: Drücken Sie feuchtes Substrat mit der Faust zusammen. Fällt es anschließend wieder locker auseinander, können die Orchideenwurzeln genug Luft aufnehmen. Bildet es Klumpen, ist es ungeeignet, weil es die Atmung der Wurzeln behindert.

Rinde und Sphagnum

Gute Orchideensubstrate bekommt man fertig gemischt im Fachgeschäft. Man kann die Zutaten dort aber auch einzeln kaufen.

- Als Grundsubstrat für die Topf- und Korbkultur hat sich gesiebte, mittelgrobe, mediterrane **Pinienrinde** bewährt. Sie hat den Vorteil, dass sie erst nach drei Jahren verrottet und nur wenig Wasser speichert, sodass die Orchideen auf keinen Fall unter Staunässe leiden. Pinienrinde ist im Gartenfachhandel in verschiedenen Körnungen erhältlich. Geeignet ist die Körnung 15–25. Nehmen Sie nie Rinde einheimischer Kiefern – sie enthält zu viele Gerbstoffe, die den Wurzeln schaden. Der Nachteil von Rindensubstrat ist, dass es sehr rasch austrocknet. Es sollte deshalb nur 80 % des Substrats ausmachen und immer mit Zusatzstoffen versetzt werden, die Wasser speichern. Rinde nimmt auch leicht Stickstoff aus dem Dünger auf, sodass Pflanzen in reinem Rindensubstrat schnell an Stickstoffmangel leiden.
- **Neuseelandmoos,** auch **Sphagnum** genannt, ist ebenfalls ein hervorragendes Grundsubstrat und wird meist mit Pinienrinde gemischt. Es nimmt Wasser sehr gut auf und gibt es

leicht wieder an die Orchideen ab. Auch wenn es nass ist, lässt es Luft an die Wurzeln. Gutes Sphagnum bleibt, wie Rinde, bis zu drei Jahren formstabil. Anschließend ist es ratsam, das Substrat auszutauschen. Der Anteil von Sphagnum im Substrat kann bis zu 40 % betragen.

- **Torf** wird heute nicht mehr verwendet – zum einen aus Gründen des Naturschutzes, zum anderen, weil er Wasser schlecht speichert oder es den Pflanzen sogar entzieht.

So wird Substrat perfekt

Zusatzstoffe werden dem Grundsubstrat beigemischt und haben die Aufgabe, die Struktur des Substrats sowie die Speicherung von Wasser und Dünger zu verbessern.

- **Holzkohle** bindet organische Substanzen wie überschüssigen Dünger. Außerdem erhöht sie den pH-Wert des Substrats leicht, damit der Idealwert von pH 5,5–6,5 erreicht wird. Der Anteil am Substrat sollte 5–15 % ausmachen. Tipp: Weil man Holzkohle nicht in geeigneter Körnung kaufen kann, siebt man ca. 1 cm große Stücke aus Grillkohle heraus.
- **Perlite** und **Vermiculite** sind hitzebehandelte Gesteine, die Nährstoffe und Wasser speichern und für die Durchlüftung des Substrats sorgen. Sie sollten 10–20 % vom Substrat ausmachen.
- Auch das Tongranulat **Seramis** hat sich bewährt. Man setzt es zu 10–20 % dem Substrat zu. Es sorgt für eine gute Durchlüftung und ist formstabil.
- Kohlensaurer **Kalk** wird als Zusatzstoff zu Rindensubstrat eingesetzt (25 g / 10 l). Er erhöht den pH-Wert und versorgt die Orchideen mit Magnesium.

Substrat selber mischen

Sie können ein Substrat für Ihre Orchideen auch leicht selbst mischen, indem Sie 8 l Pinienrinde der Körnung Nr. 15–25 mit je 1 l grobem Sphagnum sowie 1 l Vermiculite, Seramis oder Holzkohle mischen. Zum Schluss fügen Sie 20 g kohlensauren Kalk mit hohem Magnesiumanteil sowie 10 g Volldünger in Pulverform zu. Die Mischung können Sie an einem trockenen und luftigen Platz mehrere Jahre lang aufbewahren.

Orchideensubstrat kann nur aus Rinde und Sphagnum bestehen (unten) oder aus mehreren Komponenten gemischt sein (oben).

PRAXIS

Die verschiedenen Kulturformen

Zahlreiche Orchideen gedeihen heute gut im Topf. Manche Arten bevorzugen allerdings die Korbkultur oder Blockkultur: Beide Kulturformen bringen Orchideen außerdem besonders gut zur Geltung.

Die meisten Orchideen können Sie wie andere Zimmerpflanzen einfach im Topf kultivieren. Das hat den Vorteil, dass die Pflanzen über die Wurzeln reichlich mit Wasser versorgt sind und die Orchideen deshalb besser mit der meist niedrigen Luftfeuchte in unseren Räumen auskommen.
Einige epiphytische Orchideen gedeihen aber besser, wenn sie im Körbchen oder auf Holz aufgebunden kultiviert werden. Für manche ist dies sogar ein Muss: So wurzelt z. B. *Vanda* nicht im Substrat, sondern bildet nur aufgebunden schöne Wurzeln (→ Praxisinfo). Bei *Stanhopea* wächst die Blütenrispe aus den Bulben nach unten durch das Substrat. Sie gedeiht deshalb nur im Gitterkorb, weil sich die Ripsen hier durch die Lücken des Korbs ins Freie schieben können. Sowohl bei Korb- als auch bei Blockkultur sollte die Luftfeuchte 70–80 % betragen, weil die Wurzeln sonst leicht austrocknen.

Praxisinfo

ORCHIDEEN IM GLAS

Vor allem epiphytische Arten wie *Vanda*, deren Wurzeln kein Substrat mögen, gedeihen z. B. gut in Hyazinthengläsern.

- Die Pflanze wird mit den nackten Wurzeln ohne Substrat in ein hohes Glas mit weiter Öffnung gesetzt.
- Nun füllt man ca. 1 cm hoch Regenwasser in das Glas ein, sodass die Wurzeln ins Wasser hängen. Sie saugen sich rasch voll und färben sich grün. Tage später sind sie wieder grau. Wasser regelmäßig nachgießen und Flüssigdünger in geringer Konzentration dazugeben!

Klassisch: Topfkultur

Terrestrische Orchideen wie Frauenschuh (*Paphiopedilum*) und *Cymbidium* fühlen sich im Topf wohl, in Korbkultur oder aufgebunden gedeihen sie nicht. Umgekehrt aber lassen sich die meisten epiphytischen Arten in geeigneten Töpfen pflegen:

- Die Töpfe sollten im Boden viele Wasserabzugslöcher haben, sodass keine Staunässe entsteht und Luft an die Wurzeln kommt. Besonders die Wurzeln epiphytischer Orchideen wollen »atmen« – auch wenn sie im Topf stehen.
- Die Töpfe sollten kleine Füßchen haben, sodass zwischen den Abzugslöchern und dem Untersetzer etwas Luft bleibt.
- Damit die Wurzeln Platz finden, sollten die Töpfe unten nicht viel enger sein als oben.
- Zu empfehlen sind Plastiktöpfe, weil sie diese Kriterien erfüllen. Bei Tontöpfen, die nur ein Abzugsloch und keine Füßchen besitzen, muss man sehr viel mehr darauf achten, dass keine Staunässe entsteht.
- Eine Sonderform sind Ampeltöpfe: Aufgehängt bringen sie Orchideen mit hängenden Rispen gut zur Geltung. Damit das Wasser nicht tropft, stellt man sie auf Untersetzer. Füllen Sie beim Pflanzen eine Dränageschicht ein (→ Seite 41), damit durch das Wasser im Untersetzer keine Staunässe entsteht.

Dekorativ: Korbkultur

Die Korbkultur ist eine Zwischenform zwischen Topf- und Blockkultur. Die Pflanzen wurzeln in grobem Substrat in Körben aus Holzstäben. Vor allem epiphytische, große Orchideen fühlen sich im Korb wie zu Hause, weil hier das Substrat besser durchtrocknet als im Topf und die Wurzeln mehr Luft bekommen. Zu diesen Orchideen gehören z. B. *Laelia* Sektion *Cattleyodes*, *Dendrobium* Sektion *Callista* oder *Bulbophyllum*. Weil es sich kaum verhindern lässt, dass Gießwasser durch den Korb tropft, eignet sich diese Kultur eher für Blumenfenster mit Fensterbankschalen oder Wintergärten mit Steinböden. Man kann den Korb aber auch mit perforierter Folie auslegen, damit das Wasser länger im Substrat bleibt. Dann kommen die Pflanzen mit 60–70 % Luftfeuchte aus.

Exotisch: Blockkultur

Bei der Blockkultur werden Orchideen auf Holz- oder Korkstücke aufgebunden. Sie eignet sich nur für epiphytische Orchideen wie *Aerangis*, *Ascocentrum* und *Cattleya*. Die Unterlage (Fachhandel) sollte lange haltbar sein und keine Harze abgeben. Die Wurzeln der Epiphyten bettet man in Moos oder Sphagnum ein und bindet sie fest (→ Abb. 1–4). Im Topf gezogene Orchideen lassen sich im Frühjahr auf Blockkultur umstellen (→ Seite 43), wenn man sie anfangs öfter besprüht, damit die Wurzeln sich leichter umgewöhnen. Große Pflanzen setzt man besser in Körbe, weil bei Blockkultur die Wurzeln leicht austrocknen.

1

Unterlage vorbereiten
Versehen Sie eine Unterlage aus Kork oder Holz von passender Größe oben oder mittig mit einem Drahthaken. Dann bedecken Sie sie gleichmäßig mit feuchtem Sphagnum.

2

Orchidee präparieren
Entfernen Sie zunächst alte Wurzeln und Blätter von der Orchidee und legen Sie sie dann auf die Unterlage. Verteilen Sie dabei die Wurzeln gleichmäßig auf dem Holz- oder Korkstück.

3

Wurzeln bedecken
Bedecken Sie die Wurzeln bis knapp zum Wurzelhals mit feuchtem Sphagnum. Sehr lange Wurzeln dürfen Sie ruhig seitlich herausragen lassen.

4

Orchidee festbinden
Binden Sie alles mit Bindedraht stramm, aber nicht zu fest zusammen. Beginnen Sie am Wurzelhals. Zum Schluss schneiden Sie den Draht ab und verknoten ihn.

PRAXIS

So topft man Orchideen richtig um

Orchideen brauchen zwar – im Gegensatz zu anderen Zimmerpflanzen – nur selten einen größeren Topf, aber etwa alle zwei Jahre frisches Substrat. Richtig umgetopft fühlen sie sich wohl.

Nach zwei bis drei Jahren wird das Substrat alt. Es zerfällt und setzt schließlich zu viele Nährstoffe frei. Die Wurzeln im Topf können nicht abtrocknen und bekommen keine Luft mehr. Dann ist es Zeit zum Umtopfen. Bedenken Sie, dass neu gekaufte Pflanzen bereits gut ein Jahr im Topf stehen. Sie sollten sie also schon nach einem Jahr umsetzen.
Die beste Zeit zum Umtopfen ist der Beginn der Wachstumsphase im zeitigen Frühjahr. Sie können aber auch im Spätsommer und frühen Herbst umtopfen. Ungeeignet sind Sommer und Winter, weil viele Orchideen dann unter der Hitze leiden oder ihre Ruhephase haben. Ebenso wenig vertragen blühende Orchideen das Umtopfen: Sie werfen ihre Blüten ab.

Gut vorbereiten

Wenn Sie alte Töpfe wiederverwenden, reinigen Sie sie vorher in der Spülmaschine.

- Damit sich die Wurzeln von der Topfwand lösen, drückt oder knetet man Plastiktöpfe leicht. Tontöpfe klopft man vorsichtig auf eine Tischkante oder fährt mit einem Messer zwischen Topf und Substrat rundherum. Sitzen die Wurzeln zu fest, muss man den Topf zerschlagen.
- Entfernen Sie alles alte Substrat zwischen den Wurzeln, ohne diese zu verletzen.
- Alte, vertrocknete und verfaulte Wurzeln oder abgestorbene Bulben schneiden Sie vorsichtig mit einer scharfen Schere oder einem Messer ab. Nur feste, grüne Wurzeln und gesunde Bulben lassen Sie stehen.
- Ist die Wurzelmasse sehr groß, führen Sie einen Wurzelschnitt durch (→ Abb. 2 und 3), sodass die Pflanze samt neuem Substrat wieder in den alten Topf passt. Entstehen große Wunden, bestreuen Sie sie zum Desinfizieren mit Aktivkohlepulver (Fachhandel).

1 **Aus dem Topf lösen**
Sitzt die Orchidee fest, kneten Sie den Plastiktopf einmal rundherum. Tontöpfe klopfen Sie vorsichtig auf eine Kante. Nun lässt sich die Pflanze meist leicht herausziehen, ohne dass Wurzeln beschädigt werden.

2 **Monopodiale Orchideen**
Schneiden Sie alte oder verletzte Wurzeln ab. Die Wurzeln monopodialer Orchideen dünnt man aus, indem man in der Mitte des Wurzelballens überflüssige Wurzeln abschneidet.

■ Nur wenn die Orchidee für den alten Topf viel zu groß ist und der Wurzelballen durch den Rückschnitt im Verhältnis zur Pflanze zu klein wird, setzen Sie sie in einen größeren Topf. Die Kultur ist dann aber schwieriger, weil große Wurzelballen im Vergleich zu kleinen schlechter durchtrocknen. Ein neuer Topf darf höchstens 2 cm mehr Durchmesser haben. Zwischen Wurzeln und Topfrand sollten maximal zwei Finger passen.

■ Töpfe mit mehr als 14 cm Durchmesser brauchen eine Dränage (→ Kasten). In noch größere Töpfe stellen Sie in die Mitte einen umgedrehten 6-cm-Topf. So verringern Sie das Volumen, das Substrat trocknet leichter. Auch Schlitze im Topf fördern das Durchtrocknen.

Richtig eintopfen

■ Drehen Sie die Pflanze vorsichtig, sodass sich die Wurzeln ohne zu brechen in den Topf schmiegen. Bei sympodialen Orchideen dürfen die Alttriebe den Topfrand berühren, der Neutrieb sollte zwei Finger breit Platz zum Rand haben.

■ Monopodiale Orchideen setzen Sie in die Mitte des Topfs.

■ Der Wurzelhals liegt bei beiden Wuchsformen auf Höhe des Topfrands. Nur kletternde Arten können Sie etwas tiefer setzen.

■ Dann füllen Sie das Substrat zwischen die Wurzeln in den Topf. Durch leichtes Aufstoßen und Schütteln rutscht es zwischen die Wurzeln und setzt sich. Zum Schluss gießen Sie die Pflanze vorsichtig an.

ZUBEHÖR FÜR DEN ORCHIDEEN-UMZUG

J	F	M	A	M	J	J	A	S	O	N	D

Zeitbedarf:

ca. 20 Min. pro Pflanze

Material:

- Plastiktopf
- Tonscherben, Kieselsteine, Blähton oder Styroporflocken als Dränage
- handelsübliche Orchideenerde oder selbst gemischtes Substrat

Werkzeug, Zubehör:

- scharfe Gartenschere oder scharfes Messer

3

Sympodiale Orchideen

Bei sympodialen Orchideen verkleinert man den zu groß gewordenen Wurzelstock, indem man unterhalb der alten Bulben überzählige Wurzeln abschneidet. Nun passen die Pflanzen wieder in ihren alten Topf.

4

Pflanze einsetzen

Setzen Sie die Orchidee so in den Topf, dass sich der Wurzelhals in Höhe des Topfrands befindet. Monopodiale Orchideen platzieren Sie in der Mitte des Topfs. Sympodiale setzen Sie so ein, dass die alten Triebe am Topfrand sitzen.

5

Substrat einfüllen

Füllen Sie das Substrat von allen Seiten so in den Topf, dass es die Wurzeln umgibt. Zwischen den Wurzeln dürfen keine Hohlräume bleiben. Drücken Sie das Substrat an – aber nicht zu fest, damit die Wurzeln nicht beschädigt werden.

› FRAGE & ANTWORT

Expertentipps rund um das Pflanzen

Ihre Orchidee ist längst zu groß für den Topf, aber die Zeit zum Umtopfen ist denkbar ungünstig? Sie sorgen sich, dass Ihre Orchideen beim Transport nach Hause Schaden nehmen? Oder Sie fragen sich, ob und wie Sie Ihre Pflanzen auf Block- und Korbkultur umstellen können? Hier finden Sie Rat.

? Ich möchte neue Übertöpfe für meine Orchideen kaufen. Was muss ich bei der Auswahl beachten?

Wählen Sie den Übertopf am besten immer 1–2 cm größer als den Blumentopf. So ist gewährleistet, dass die Luft durch die Bodenlöcher und zwischen Topf und Übertopf zirkulieren kann. Zusätzlich können Sie unten in den Übertopf kleine Kieselsteine, Kork, Styroporchips oder ähnliches Material einfüllen. So besteht keine Gefahr, dass die Pflanze direkt im überschüssigen Gießwasser steht. Die Dränageschicht hat einen positiven Nebeneffekt: Die Luftfeuchte rund um die Pflanze wird durch das verdunstende Wasser erhöht. So entsteht ein ideales Mikroklima.
Benutzen Sie als Dränageschicht jedoch kein Seramis oder anderes feines Material: Der Topf würden darin einsinken. Dann ist keine Luftzirkulation zwischen Pflanztopf und Übertopf mehr möglich und die Wurzeln bekommen zu wenig Luft. Außerdem kann dann durch die Abzugslöcher Wasser hochgesogen werden. Die Folge: Der Wurzelballen ist ständig nass.

? Ich möchte meine Orchideen zum ersten Mal umtopfen. Welches Substrat ist für sie am besten geeignet?

Ein »bestes« Substrat gibt es nicht. Denn ein Substrat ist immer nur so gut wie die Pflege, die man den Orchideen angedeihen lässt. Darüber hinaus hängt sie von der Qualität des Gießwasser ab. Zum anderen haben die einzelnen Pflanzen leicht unterschiedliche Ansprüche an das Substrat. Allerdings bringt ein handelsübliches Orchideensubstrat bei den meisten Orchideen so viel Erfolg, dass sich ein spezielles Aufbereiten des Substrats nicht lohnt.
Ob ein Substrat für eine Orchidee wirklich gut ist, kann man erst entscheiden, wenn die Pflanze auch noch ein Jahr nach dem Umtopfen gesund und fit ist.
Häufig wachsen Pflanzen in neuem Substrat anfangs sehr gut, fangen dann aber plötzlich an zu kümmern. Das kann daran liegen, dass das Substrat schon nach drei bis vier Monaten zerfällt und eine zu hohe Dosis von Dünger-Salzen freigibt. Dadurch sterben die Wurzeln, und nach kurzer Zeit geht die ganze Pflanze ein. Hier hilft nur rechtzeitiges Umtopfen.
Hat man ein Substrat gefunden, in dem die Orchideen gut gedeihen, verwendet man es am besten für alle Orchideen. Die Kultur wird dadurch einfacher, weil Sie Erfahrung darin bekommen, wie viel Wasser das Substrat speichert und wie rasch es wieder durchtrocknet.

? Kann ich meine Orchideen auch einmal länger als zwei Jahre im gleichen Substrat stehen lassen?

Theoretisch kann jede Orchidee, solange sie gut wächst, deutlich länger in einem guten Substrat verbleiben als die empfohlenen zwei Jahre. Doch je länger die Pflanze in dem alten Substrat gepflegt wird, desto stärker verändert es sich. Das mag zunächst kein Problem sein, weil sich die Pflanze an dieses Substrat anpasst. Wird sie jedoch irgendwann für den Topf zu groß und wächst nicht mehr richtig, ist das Umtopfen in neues Substrat unvermeidlich. Die Orchidee wird dann aber vielleicht kümmern, weil sie sich erst wieder an das neue Substrat gewöhnen muss. Denn dieses frische Substrat hat andere Eigenschaften als das verbrauchte: Es kann z. B. Wasser besser oder schlechter speichern. Deshalb ist es zu empfehlen, Orchideen alle zwei Jahre umzutopfen.

? Meine Orchidee müsste dringend umgetopft werden, doch sie blüht, und die Jahreszeit ist unpassend. Was kann ich tun?

Im Grunde genommen können Sie nur je nach Situation entscheiden. Während der Blüte sollten Sie auf keinen Fall umtopfen, da die Pflanze höchstwahrscheinlich die Belastung nicht übersteht. Dann ist es besser, nicht alle zwei Jahre, sondern erst ein Jahr später umzutopfen. Blüht Ihre Orchidee aber noch sehr lange, gibt es zwei Möglichkeiten: Entweder Sie genießen die Blüte weiter oder Sie schneiden die Blütenrispe ab und topfen die Pflanze um.
Ist allerdings das Substrat in einem schlechten Zustand und geht es der Pflanze deshalb nicht gut, sollten Sie sofort umtopfen. Doch wägen Sie auch dann ab: Im November, zu Beginn der dunklen Jahreszeit, sollten Sie nicht umtopfen. Dann ist es besser, noch bis Mitte Januar zu warten. An heißen Tagen im Sommer können Sie dagegen notfalls umtopfen, wenn Sie die Pflanze in der Folgezeit immer wieder besprühen.

? Ich überlege, ob ich beim nächsten Umtopfen auf Block- oder Korbkultur umsteigen soll. Was muss ich vorher bedenken?

Die sicherste und einfachste Kulturform ist die in einem normalen, für Orchideen geeigneten Topf. Alle anderen Kulturformen sollten mit Bedacht gewählt werden und sind eher etwas für Orchideen-Freunde mit Erfahrung. So eignen sich Korb- und Blockkultur nicht für eine normale Fensterbank, da beim Besprühen die Wände nass werden und Tropfwasser den Boden schädigen kann. Zudem wachsen die meisten Orchideen aufgebunden und im Korb langsamer als im Topf, in dem die Wurzeln kontinuierlicher Feuchtigkeit bekommen.
Anders ist das in einer Vitrine oder einem Terrarium, in dem die Luftfeuchtigkeit besonders hoch ist. Hier können sich Orchideen in Blockkultur zu Prachtexemplaren entwickeln.
Wenn Sie auf die Blockkultur wechseln wollen, eignet sich die Zeit von April bis Mai am besten. Topfen Sie die Pflanzen aus, schneiden Sie den Wurzelballen auf gesunde, fleischige Wurzeln zurück und spülen Sie die Wurzeln unter fließendem Wasser ab. Dann binden Sie sie wie auf Seite 39 beschrieben auf.
Bei der Umstellung auf Korbkultur wird die Orchidee einfach in den Korb »umgetopft«. Beste Zeit für die Umstellung ist ebenfalls das Frühjahr. Diese Kultur ist aber nur geeignet, wenn das durchfließende Wasser keinen Schaden anrichten kann, man braucht also ebenfalls ein Blumenfenster oder eine Vitrine. Für die Korbkultur sind vor allem große Pflanzen geeignet, da der Wurzelballen gleichmäßig durchtrocknet. Sowohl bei Korb- als auch bei Blockkultur muss die Luftfeuchtigkeit aber bei 70–80 % liegen, weil die Pflanzen sonst nicht genug Wasser bekommen und vertrocknen.

? Ich pflege seit ein paar Jahren Orchideen in Block- und Korbkultur. Nun sind sie für ihre Unterlage bzw. ihren Korb viel zu groß geworden. Was kann ich tun?

Sowohl bei Orchideen in Block- als auch in Korbkultur sind nach ein paar Jahren die Wurzeln so fest mit der Unterlage verbunden bzw. mit dem Gitterkorb verflochten, dass sie sich nicht mehr ablösen lassen.
Um die Wurzeln nicht zu schädigen, bindet man Orchideen in Blockkultur deshalb mit der alten Unterlage auf eine neue auf. Das geht meist ganz einfach, weil die alte Unterlage nach dieser Zeit sowieso zum größten Teil verrottet ist.
Orchideen in Korbkultur setzen Sie einfach mitsamt dem alten Korb in einen etwas größeren Korb um. Achten Sie darauf, dass dabei die Wurzeln nicht beschädigt werden. In die Lücken zwischen Wurzelgeflecht und neuem Korb füllt man neues, grobes Substrat ein.

Wellness für Orchideen

Der geeignete Standort, die richtige Düngung und fachgerechtes Gießen sind die Voraussetzung für das gute Gedeihen von Orchideen und für eine regelmäßige, lang anhaltende Blütenpracht. Einige zusätzliche Pflegemaßnahmen machen die Pflanzen zum Blickfang im Zimmergarten.

Früher hatten Orchideen den Ruf, schwierig zu kultivierende Hausgenossen zu sein. Doch die bessere Kenntnis über ihre Ansprüche sowie die Züchtung robuster Sorten haben Orchideen zu Zimmerpflanzen gemacht, die keine intensive Pflege brauchen und auch für Menschen mit wenig Zeit ideal sind.

Orchideenpflege leicht gemacht

Ein geeigneter Standort ist das A und O für eine erfolgreiche Orchideenpflege: Die Pflanzen aus den Tropen und Subtropen brauchen unbedingt ausreichend Licht. Spendieren Sie ihnen deshalb in der dunklen Jahreszeit ruhig für einige Stunden eine Zusatzbeleuchtung – sie werden es Ihnen mit üppigem Wachstum und reicher Blütenbildung lohnen.
Im Hochsommer dagegen sind Orchideen oft für einen Sonnenschutz sehr dankbar, der sie vor den brennenden Strahlen bewahrt.

Pflege mit Gefühl

Beim Gießen und Düngen von Orchideen sind Fingerspitzengefühl und Vorsicht gefragt: Hier ist weniger oft mehr. Verwenden Sie für die Orchideenpflege ausschließlich Dünger, die speziell für Orchideen geeignet sind. Achten Sie auch beim Gießwasser auf die richtige Qualität. Wenn Sie ganz sichergehen wollen, ob das Leitungswasser für Ihre Pfleglinge geeignet ist, können Sie es in Fachlabors oder bei Orchideenvereinen untersuchen lassen. Vielleicht haben Sie aber auch die Möglichkeit, Regenwasser im Garten oder auf dem Balkon zu sammeln. Es tut Orchideen besonders gut.
Bei der richtigen Luftfeuchtigkeit brauchen Orchideen meist nur einmal in der Woche Wasser. Pflanzen in Block- oder Korbkultur genießen lieber ein ausgiebiges Tauch- oder Sprühbad, bei dem sich die Wurzeln voll saugen können.
Ansonsten reicht regelmäßiges Kontrollieren: Welke Blüten entfernen, Blütenrispen aufbinden oder Staub von den Blättern wischen – mehr verlangen die meisten Orchideen nicht.

Regelmäßige Pflege hält Orchideen fit. Vor allem bei Orchideen in Korb- oder Blockkultur gehört dazu ein regelmäßiges Sprühbad.

So verbessern Sie Orchideen-Standorte

Licht und Luftfeuchte sind in Wohnräumen oft nicht ideal. Sie können sie aber mit einfachen Mitteln optimieren. Ein Minimum-Maximum-Thermometer hilft, den richtigen Temperaturbereich zu ermitteln.

Die Messwerte eines Minimum-Maximum-Thermometers entscheiden über die Standortwahl.

In unseren Breiten leiden viele Orchideen zumindest im Winterhalbjahr an Lichtmangel (→ Seite 22/23). Doch auch in den übrigen Monaten bekommen sie manchmal zu wenig Licht: Benachbarte Pflanzen können ihnen Licht wegnehmen. Auch Orchideen, die am Rand der Fensterbank stehen, führen oft ein »Schattendasein«. Nach einiger Zeit können Sie die Folgen des Lichtmangels beobachten: Die Pflanzen bilden sehr lange dünne Blätter, richten sich zum Licht aus, oder der Abstand von einem Blattpaar zum anderen (Internodium) ist deutlich länger als normal. Außerdem blühen die Orchideen weniger oder gar nicht mehr.

Mit Licht verwöhnen

Mit folgender Maßnahme können Sie Orchideen zu mehr Licht verhelfen:

- Können Sie die Pflanzen nicht umstellen oder näher ans Fenster rücken, sollten Sie ein Zusatzlicht installieren. Auch in den Wintermonaten kommen Orchideen kaum ohne Zusatzlicht aus, wenn sie optimal wachsen sollen.
- Wählen Sie Leuchtstoffröhren mit der Bezeichnung Daylight, Truelite oder Tageslicht. Ihr Lichtspektrum entspricht dem natürlichen Licht am ehesten.
- Wenn Sie die Leuchte 0,8–1 m über den Pflanzen an der Decke oder im Fenster aufhängen, reicht eine Leuchtstoffröhre. Bei 1–1,5 m Abstand sollten Sie zwei Röhren nebeneinander hängen. Wählen Sie Leuchtstoffröhren, die möglichst so breit sind wie die Fensterbank.
- Die Stromkosten halten sich im Rahmen: Bei den üblichen 36-Watt-Röhren und einer für Orchideen sinnvollen Beleuchtungsdauer von 12 Stunden pro Tag fallen sie sehr gering aus.
- Brauchen Sie mehrere Leuchten, sollten Sie Energiespar-Röhren wählen: Sie kosten zwar mehr (ca. 5 Euro), liefern bei gleichem Stromverbrauch aber ca. 25 % mehr Licht.
- Licht von »Warm-White«-Röhren ist zwar für unser Auge angenehm, eignet sich aber für Orchideen nicht, da es zu viel rotes Licht enthält.

Schattierung

Im Frühjahr und Hochsommer sollten Sie Orchideen, die direkt an einem Südfenster stehen, in den Mittagsstunden vor zu intensiver Sonne schützen:

- Ideal sind halbhohe Gardinen, Markisen oder Rollos. Auch Begleitpflanzen sind gute Schattenspender (→ Seite 25).
- Fehlen solche Einrichtungen, decken Sie die Pflanzen zur Not mit Seidenpapier ab.
- Im Hochsommer können Sie die Orchideen auch weiter ins Zimmer stellen. Etwa 1 m Entfernung vom Fenster ist dabei ausreichend.

Genügend Luftfeuchte

Orchideen brauchen eine Luftfeuchtigkeit von 60–80 %. Meist ist dieser Wert in Wohnräumen, Wintergärten oder der Vitrine niedriger. Er lässt sich aber mit diesen Maßnahmen erhöhen:

- Wasserbehälter, die an die Heizungskörper gehängt wer-

Der Blähton in der Schale sorgt dafür, dass die Orchideen von der hohen Luftfeuchte profitieren, aber nicht zu nass stehen.

den, geben ständig Wasser an die Raumluft ab.

- Bei Orchideen in Topfkultur stellen Sie die Töpfe auf eine Schicht Blähton in die Übertöpfe. So bekommen die Orchideen nach dem Gießen keine nassen »Füße«, und das verdunstende Wasser steigt zu den Blättern hoch.
- Stehen mehrere Pflanzen auf einer Fensterbank, bieten sich Fensterbankschalen an: Auf großen, mit Wasser gefüllten Schalen liegen Gitter, auf denen die Pflanzen stehen. So haben die Orchideen keinen direkten Kontakt mit dem Wasser, profitieren aber von der hohen Luftfeuchtigkeit.
- Das Besprühen (→ Seite 52) der Pflanzen im Topf ist nur sinnvoll, wenn Sie durch die oben genannten Maßnahmen für eine ausreichende Luftfeuchte sorgen: So bleibt das Laub längere Zeit feucht. Ist die Luftfeuchte jedoch zu gering, trocknet das besprühte Laub schnell wieder ab – das Sprühen ist für die Pflanzen dann ein Schock.
- Vor allem Orchideen in Korb- und Blockkultur profitieren von einer hohen Luftfeuchtigkeit: Sie genießen das Einsprühen und ihre Wurzeln werden durch die Zufuhr von Wasser aus der Luft kräftiger.

Messen muss sein

Um zu wissen, welchem Temperaturbereich (→ Seite 20/21) ein Raum entspricht, brauchen Sie ein Minimum-Maximum-Thermometer (→ Seite 46/47). Bringen Sie es in der Höhe an, in der die Orchideen stehen. Es zeigt die höchste Tages- und niedrigste Nachttemperatur an. Die niedrigste Nachttemperatur ist entscheidend dafür, ob eine Orchidee für diesen Standort geeignet ist (→ Seite 21). Die Temperaturkontrolle ist auch deshalb wichtig, weil sich nach den Temperaturunterschieden die Häufigkeit des Gießens richtet: Sind die Nächte kühl, muss seltener gegossen werden als wenn sie warm sind.

Tipp

ZIMMERBRUNNEN SCHAFFEN GUTES KLIMA

Attraktive Zimmerbrunnen steigern das Wohlbefinden von Mensch und Pflanze: Die sanft plätschernden Brunnen sorgen für hohe Luftfeuchtigkeit und sind außerdem Schmuckstücke für die Wohnung. Füllen Sie Zimmerbrunnen mit Regenwasser oder destilliertem Wasser – so bilden sich keine Kalkränder.

Dünger für Orchideen

Orchideen-Volldünger, Kalk und Eisen versorgen Ihre Pfleglinge mit allem, was sie zu einer gesunden Entwicklung brauchen. Stimmt auch die Qualität des Wassers, können Sie beim Düngen nichts falsch machen.

Mit einem guten Dünger wachsen Orchideen schneller und entwickeln größere Blüten. Ihr Bedarf an Nährstoffen hängt dabei von der jeweiligen Jahreszeit ab. Im Frühjahr können Orchideen dank des längeren Tageslichts und der steigenden Temperaturen sehr viel mehr Nährstoffe verarbeiten als im dunklen Winter. Sind die Tage jedoch kurz und ist die Lichtintensität schwach, kommen Orchideen mit einer sehr viel geringeren Menge an Dünger aus.

SALZGEHALT IM GIESSWASSER

Wasserart	Salzgehalt in µS
destilliertes Wasser	0–10
Regenwasser	50–90
Regenwasser mit Dünger (Optimalwert)	200–400
Leitungswasser	700–1500
Brunnenwasser	200–3000
Mineralwasser	1500–3000

Welcher Dünger ist geeignet?

Dünger versorgen Orchideen mit den wichtigsten Nährstoffen: Stickstoff (N), Phosphor (P) und Kalium (K). Deshalb werden sie auch NPK-Dünger genannt. Meist wird auf der Packung das Mengenverhältnis der Hauptkomponenten angegeben: z. B. 2:1:1 oder 8:8:6. Dieses Verhältnis sollte für Orchideen möglichst ausgewogen sein. Phosphor regt die Blütenbildung an, Stickstoff sorgt für gutes Wachstum, und Kalium festigt das Pflanzengewebe. Neben diesen Nährstoffen muss ein guter Orchideendünger die Pflanzen unbedingt noch mit Mineralien wie Eisen, Magnesium, Mangan, Kalzium sowie mit einem ganzen Cocktail von Spurenelementen versorgen. Zu diesen gehören z. B. Kupfer und Molybdän. Solche Spurenelemente brauchen Orchideen zwar nur in sehr geringen Mengen, sie sind aber für ein gesundes Wachsen und Gedeihen unverzichtbar.

Orchideen sind Schwachzehrer, das bedeutet, dass sie deutlich weniger Dünger benötigen als viele andere Pflanzen.

- Wählen Sie für Ihre Orchideen nicht einen normalen Zimmerpflanzendünger, sondern immer einen speziellen Orchideendünger. Er enthält neben den Nährstoffen alle wichtigen Spurenelemente. Nur ein solcher Dünger lässt Orchideen gut wachsen.
- Bevorzugen Sie anorganische Dünger, sie geben die Nährstoffe gleichmäßig und in einer genau definierten Dosis an die Pflanzen ab. Organische Präparate setzen dagegen erst nach einiger Zeit die Nährstoffe frei, und dann manchmal in einer zu hohen Dosis. Durch die im Dünger enthaltenen Salze werden die Wurzeln geschädigt, und die Pflanze stirbt ab.

Fest oder flüssig?

Dünger gibt es in verschiedenen Formen, z. B. als Pulver oder flüssig. Beide haben Vor- und Nachteile:

- Orchideendünger in Pulverform sind preislich günstiger als Flüssigdünger, weil sie ergiebiger sind. Dafür ist Flüssigdünger in der Handhabung einfacher, weil man die auf der Packung angegebene Menge einfach ins Gießwasser gibt. Dünger in Pulverform muss man abwiegen und auflösen.
- Düngestäbchen sind nicht zu empfehlen, da sie sich sehr unkontrolliert zersetzen und deshalb die Nährstoffe sehr

ungleichmäßig freisetzen. Anfangs geben sie wenig Dünger frei, später viel zu viel – die Wurzeln nehmen Schaden.

Vorsicht vor zu hohem Salzgehalt

Orchideenwurzeln sind an weiches Wasser gewöhnt und extrem salzempfindlich. Zu den im Dünger enthaltenen Salzen kommen jedoch beim Gießen noch Salze dazu, die von Natur aus im Leitungswasser sind. Diese Menge ist für Orchideenwurzeln oft zu hoch. Lassen Sie deshalb den Gesamtsalzgehalt Ihres mit Dünger versehenen Gießwassers einmal pro Jahr bei einer Orchideengärtnerei, einer Ortsgruppe der Deutschen Orchideengesellschaft oder in einem Aquaristikgeschäft messen. Dieser Wert, die Leitfähigkeit, wird in Mikrosiemens (µS) angegeben (→ Tabelle Seite 50). Ideal sind Werte von 200–400 µS. Sind die Werte Ihres Wassers zu hoch, sollten Sie es aufbereiten (→ Seite 52/53)

Orchideen brauchen Kalk

Kalk ist ein wichtiger Pflanzen-Nährstoff und sorgt für den richtigen pH-Wert (5,5–6,5) des Substrats. Weil er aber von Bestandteilen des Volldüngers chemisch gebunden wird, muss er den Pflanzen gesondert zugeführt werden. Geben Sie den Orchideen einmal im Monat eine Lösung aus Calciumnitrat (Calcinit, 3–4 g/10 l Wasser). Sie können auch Kalkbrühe ansetzen (2 g kohlensaurer Kalk/1 Wasser) und damit die Orchideen zweimal im Jahr gießen.

Eisendüngung

Eisen ist ein wichtiger Baustein des Blattgrüns und deshalb in jedem guten Dünger enthalten. Die Pflanzen können es aber nur aufnehmen, wenn der pH-Wert des Substrats leicht sauer (pH 5–6,5) ist. Das Leitungswasser zum Gießen ist jedoch neutral bis basisch (pH 7 und mehr). Deshalb wird ein Teil des im Dünger enthaltenen Eisens im Gießwasser gebunden und steht der Pflanze nicht mehr zur Verfügung. Verwenden Sie deshalb möglichst Regenwasser (→ Seite 52/53). Es hat einen niedrigeren pH-Wert. Außerdem sollten Sie Ihre Orchideen alle zwei Jahre umtopfen, weil durch den Zerfall des Substrats der pH-Wert unter pH 5 sinkt und Eisen im Substrat gebunden wird.

Beachten Sie beim Ansetzen der Düngelösung unbedingt die Anweisung: Zu hohe Konzentrationen schaden Orchideenwurzeln.

PRAXIS

Orchideen richtig gießen

Orchideen brauchen weiches Wasser – Regenwasser ist ideal für sie. Die meisten stammen aus den feuchten Tropen, wo sie epiphytisch leben. Deshalb mögen sie keine nassen »Füße«: Ihre Wurzeln wollen atmen.

Wasser ist nicht gleich Wasser. Leitungswasser z. B. hat meist einen zu hohen Salzgehalt, der für Orchideen schädlich ist. Diese Salze sind im Wesentlichen Kalkverbindungen, die die Pflanzen nicht brauchen und die obendrein lebenswichtige Spurenelemente binden, sodass diese den Orchideen nicht mehr zur Verfügung stehen. Das Gießwasser sollte so kalkarm wie möglich sein, damit der durch Gießen und Düngen entstehende Gesamtsalzgehalt nicht zu hoch wird. Der Gesamtkalkgehalt entspricht der Wasserhärte und wird in Grad deutscher Härte (°dH) angegeben. Für Orchideen verträglich ist Wasser mit 4–8 °dH. Den Wert für Ihr Wasser können Sie bei den Wasserwerken erfragen. Liegt der Wert jedoch über 8 °dH, sollten Sie das Wasser aufbereiten.

- Sie können Leitungswasser einfach mit einem handelsüblichen Wasserfilter (Aktivkohlefilter) von Kalk befreien.
- Auch durch Abkochen kann man den Kalkgehalt des Wassers reduzieren. Erfolg hat diese Methode aber nur, wenn man einen Eisentopf ohne Beschichtung oder einen Wasserkocher verwendet, dessen Heizstab direkt im Wasser liegt.
- Sie können Leitungswasser auch mit destilliertem Wasser (Baumarkt) versetzen. Faustregel: Mischen Sie einen Teil Leitungswasser mit drei Teilen destilliertem Wasser.
- Verwenden Sie nie reines destilliertes Wasser, die Orchideen vertragen es nicht. Setzen Sie auch nie die Düngerlösung mit destilliertem Wasser an: Dieser Mischung fehlen die winzige Mengen von Spurenelementen, die im Leitungs- und Regenwasser enthalten sind und die die Pflanzen dringend brauchen.
- Ideal ist es, wenn Sie einen Garten besitzen und Regenwasser sammeln können. Fangen Sie es am besten in einem geschlossenen Behälter auf, sodass es nicht durch Laub, Blütenstaub o. Ä. verunreinigt wird.
- Falls Sie über einen Brunnen verfügen, können Sie Brunnenwasser verwenden, wenn Sie es vorher untersuchen lassen: Es kann sehr niedrige µS-Werte haben (→ Tabelle Seite 50), enthält aber oft z. B. zu viel Eisen oder Mangan.

Praxisinfo

TAUCHEN UND SPRÜHEN

- Orchideen in Korb- oder Blockkultur besprüht man täglich.
- Das Wasser sollte immer Zimmertemperatur haben.
- Sprühen Sie am Morgen, kann die Pflanze tagsüber wieder abtrocknen. Vorsicht: Blüten dürfen nicht nass werden und in Blattachseln soll kein Wasser stehen bleiben.
- Noch besser können sich die Wurzeln bei einem Tauchbad mit Wasser vollsaugen. Stellen Sie die Pflanzen alle zwei bis vier Tage ca. 3–10 Min. in einen Eimer Wasser.

Gießregeln …

In der Natur sind Orchideen daran gewöhnt, dass ihre Wurzeln zwar viel Luftfeuchtigkeit aus der Luft bekommen, in der

1 Gießen aus der Tülle
Stehen Orchideen in Topfkultur in einem Übertopf oder in Fensterbankschalen, gibt es beim Gießen keine »Überschwemmung«. Das Substrat im Topf sollte nicht zu grob sein, sonst kann es nicht genügend Wasser aufnehmen.

2 Wasser satt: das Tauchbad
Eine Alternative zum Gießen ist das Tauchbad. Damit das Substrat gut durchnässt wird, tauchen Sie die Pflanze samt Topf für 3–10 Min. in einen Eimer mit Wasser. Decken Sie mit den Händen das Substrat ab, damit es nicht wegschwimmt.

3 Das Sprühbad
Orchideen in Korb- und Blockkultur besprüht man regelmäßig. Benetzen Sie Wurzeln und Blätter kräftig, damit sie genug Wasser aufnehmen. Die Blüten sollten möglichst nicht nass werden, sie werden sonst anfällig für Botrytis.

heißen Mittagszeit aber wieder abtrocknen. Einen ähnlichen Wechsel zwischen nass und leicht feucht bis trocken brauchen sie auch im Topf. Das Substrat darf nach dem Gießen nass sein, sollte aber in den nächsten Tagen abtrocknen. Als Faustregel gilt, dass man eine Orchidee in einem 12-cm-Topf etwa einmal pro Woche gießt oder taucht. Wie schnell das Substrat abtocknet, hängt jedoch von verschiedenen Faktoren ab:

- Je höher die Luftfeuchte im Raum ist, umso weniger Wasser verdunstet aus dem Substrat und desto seltener muss man gießen. Bei trockener Luft verdunstet dagegen ständig Wasser über die Blätter und über das Substrat – häufigeres Gießen ist nötig.
- Ist der Topf zu groß und zwischen Wurzelballen und Topfrand mehr als 2 cm Platz, braucht das Substrat lange, um wieder zu trocken, und die Wurzeln leiden unter der Nässe. Machen Sie deshalb vor dem Gießen in jedem Fall die »Fingerprobe«, um den Feuchtigkeitsgehalt zu prüfen:
- Bohren Sie mit einem Finger tief in das Substrat. Ist es nur noch leicht feucht, dürfen Sie gießen. Sind Sie sich nicht sicher oder ist das Substrat nass, warten Sie mit dem Gießen lieber noch einen Tag.

... und ihre Ausnahmen

- Gießen Sie öfter als einmal pro Woche, wenn die Pflanze noch jung und klein ist. Ist die Orchidee im Verhältnis zum Topf sehr kräftig oder hat Rispen mit vielen Knospen, benötigt sie ebenfalls mehr Wasser. Der Wasserverbrauch steigt auch, wenn es sehr warm und sonnig und/oder das Zimmer stark aufgeheizt ist.
- Gießen Sie seltener als einmal in der Woche, wenn die Pflanze im Verhältnis zum Topf sehr klein oder durch Krankheit geschwächt ist. Auch wenn die Luftfeuchtigkeit im Raum ständig bei 70–80 % liegt oder es draußen dunkel und regnerisch ist, verbrauchen Orchideen weniger Wasser.
- Befindet sich eine Orchidee in der Ruhephase, dürfen Sie sie nur wenig gießen.
- Orchideen in Korb- oder Blockkultur gießt man grundsätzlich nicht, sie bekommen ein Tauch- oder Sprühbad (→ Praxisinfo).

PRAXIS

Pflegeprogramm für Orchideen

Gießen und Düngen sind Pflegealltag. Mit zusätzlichen Kulturmaßnahmen erreichen Sie, dass sich die Blüten Ihrer Orchideen besonders schön entfalten und die Pflanzen viele Jahre eine Zierde bleiben.

Als Pflanzen tropischer und subtropischer Regionen kennen Orchideen unsere Jahreszeiten nicht. Ihre Pflege richtet sich deshalb nicht nach Frühling, Sommer, Herbst und Winter, sondern nach dem Lebensrhythmus der einzelnen Orchidee. Dieser wird in erster Linie durch die Blütezeit bestimmt. Manche Orchideen blühen nur einmal im Jahr – viele von ihnen im Winter. Andere wie *Phalaenopsis* und die so genannten Revolverblüher bei *Paphiopedilum* oder *Psychopsis* treiben mehrmals ihre Blütenrispen oder blühen fast ein ganzes Jahr lang.

Pflege rund ums Jahr

Während der Blütezeit und danach sind die Kontrolle auf Schädlinge und Krankheiten (→ Seiten 70–77) sowie gleichmäßiges Gießen und Düngen (→ Seite 50/51 und 52/53) die wichtigsten Pflegemaßnahmen. Dabei benötigen Pflanzen bei heißem und trockenem Wetter mehr Wasser, bei kühlem, feuchtem Wetter weniger. Auch Orchideen, die besonders üppig blühen, vertragen mehr Wasser und Nährstoffe als Orchideen nach der Blüte.

Pflege in der Ruhezeit

Die meisten warm zu kultivierenden Orchideen pflegt man das Jahr über gleichmäßig. Orchideen aus dem kühlen und temperierten Bereich müssen dagegen einmal im Jahr eine Ruhepause einlegen, um wieder blühen zu können (→ Seite 21).

- Die Ruhephase beginnt etwa zwei Monate vor der zu erwartenden neuen Blüte. Eine Orchidee, die z. B. im Januar geblüht hat, sollten Sie ab Anfang November an einen Platz stellen, der kühler ist als ihr normaler Standort.
- Kühl zu kultivierende Orchideen stehen in der Ruhezeit tags bei 12–16 °C, nachts müssen es mindestens 10 °C sein. Diese Orchideen dürfen in der Ruhezeit völlig austrocknen, sie bekommen höchstens alle paar Wochen etwas Wasser.
- Temperiert bis kühl zu kultivierende Orchideen brauchen tagsüber in der Ruhephase 14–16 °C, in der Nacht darf es bis zu 8 °C kalt werden.
- Temperiert bis warm zu kultivierende Orchideen haben keine ausgeprägte Ruhephase. Die normalerweise im Winter etwas niedrigeren Temperaturen im Haus reichen aus. Auch diese Orchideen sollten Sie in der Ruhephase nur wenig gießen: Zwei Schnapsgläser Wasser pro Woche reichen aus.
- Besitzen Sie einen Garten, können Sie die Ruhephase auch in den Sommer verlegen und die Pflanzen einfach ins

1

An einem Auge schneiden
Bei *Phalaenopsis* schneiden Sie verblühte Rispen über einem Auge in mittlerer Höhe ab. Die Pflanze treibt meist nach zwei bis drei Monaten eine neue Rispe aus.

Freie stellen (→ Seite 21). Die kühlen Nachttemperaturen reichen, um die Orchideen in den Ruhezustand zu versetzen.

- Orchideen aus dem warmen Bereich dürfen im Sommer auf keinen Fall ins Freie, sie vertragen die eventuell niedrigen Nachttemperaturen nicht.

Spezielle Tricks zur Schönheitspflege

Ein paar einfache Maßnahmen helfen, dass Orchideen schneller neue Blüten bilden oder die Blütenrispen besonders schön zur Geltung kommen. Manche Blüten brauchen etwas »Geburtshilfe«, damit sie sich öffnen können, und von Zeit zu Zeit müssen die Pflanzen von Staub befreit werden.

Welke Blüten entfernen

Auch wenn die Blüte noch so lange dauert – irgendwann bekommt Ihre Orchidee die ersten welken Blüten. Sie können diese einfach abfallen lassen oder abschneiden, sobald sie verblüht sind. Dies hat zur Folge, dass sich schneller wieder neue Blüten bilden. Warten Sie aber nicht so lange, bis der Stiel eingetrocknet ist. Bei der Art des Rückschnitts unterscheidet man vier Gruppen:

- Bei *Phalaenopsis* schneiden Sie den Blütenstiel kurz über einem Auge, also einer Verdickung an der Rispe, ab (→ Abb. 1). Aus diesen so genannten Nodien kann sich wieder eine neue Blütenrispe bilden. Je mehr Augen an der Rispe stehen bleiben, desto sicherer und schneller kommt es zum Neuaustrieb. Allerdings wird die neue Rispe länger werden und leicht abbrechen. Deshalb schneiden Sie sie am besten an einem Auge in mittlerer Höhe ab. Ihre *Phalaenopsis* blüht dann meist innerhalb von drei Monaten wieder.
- Aber nicht jedes Exemplar verfügt über diese Kraft. Sollte der Rest des alten Blütenstiels braun und trocken werden, kann er nicht mehr austreiben. In diesem Fall schneiden Sie ihn ganz unten ab. Die Pflanze benötigt dann oft eine Blühpause von bis zu einem Jahr, um wieder Kraft zu sammeln. Spätestens dann sollte eine neue Rispe austreiben.
- Einige *Phalaenopsis*-Arten bilden an der Spitze weitere

2

Über den Blättern abschneiden
Bei *Cattleya* schneiden Sie die verblühte Rispe direkt über den Blättern mitsamt der Blütenscheide ab. Verwenden Sie dazu eine scharfe Gartenschere, weil sich die Blütenscheide nur schwer schneiden lässt.

3

An der Basis entfernen
Bei *Miltonia* und *Odontoglossum* schneidet man verwelkte Rispen so tief wie möglich an der Basis ab. Die Rispe entspringt entweder zwischen den Blättern oder seitlich an einer Bulbe.

4

Direkt an der Bulbe schneiden
Dendrobium-nobile-Hybriden besitzen nur einen sehr kurzen Blütenstiel. Schneiden Sie verwelke Blüten deshalb einfach mit eine Schere am Ansatz des Stiels direkt an der Bulbe ab.

Blüten, während die dahinter sitzenden Blüten verblühen. Lassen Sie sie so lange weiterblühen, wie Sie es noch schön finden. Allerdings benötigt die Pflanze für diese Blüten sehr viel Energie. Schneiden Sie die Rispen ab, bevor sie verblüht sind, wird die Pflanze gestärkt und treibt wieder neue Rispen aus.

- Manchmal entwickelt sich aus einer Rispe, die nach dem Rückschnitt wieder ausgetrieben hat, eine zweite Rispe. Entfernen Sie sie besser, denn der zweite Austrieb wird nie so kräftig wie der aus der Basis.

Bei den meisten anderen Orchideengattungen schneidet man die verblühten Rispen an der Basis ab, weil sie nicht an der Rispe selbst wieder austreiben. Man schneidet jedoch an unterschiedlichen Stellen:

- Bei *Cattleya* schneiden Sie den kurzen Stil samt Hüllblatt ab (→ Seite 55, Abb. 2). Nehmen Sie eine scharfe Schere, weil die Hüllblätter fädig sind.
- Bei *Miltoniopsis* (→ Seite 55, Abb. 3) schneidet man die Rispe seitlich an der Bulbe zwischen den Blättern ab.
- Bei Nobile-Hybriden entfernt man die Rispe direkt an der Bulbe (→ Seite 55, Abb. 4).

Halt für Blütenrispen

Die Blütenrispen vieler Orchideen in Topfkultur bindet man oft an, damit sie nicht nach unten schauen und die Rispen wegen des Gewichts der Blüten nicht abbrechen.

- *Phalaenopsis*-Rispen sollten Sie immer anbinden (→ Abb. 1), bei einigen kurzstieligen Gattungen wie manchen *Cattleya*-Arten muss dies nicht sein.
- Bei den meisten *Dendrobium*-Arten muss man sogar die Pflanze selbst an einem stabilen Stab befestigen, damit sie nicht umkippt.
- Bei Orchideen, die im Ampeltopf, im Körbchen oder in Blockkultur (→ Seite 38/39) kultiviert werden, bindet man die Blütenrispe meist nicht auf, sondern lässt sie, wie es der natürlichen Wuchsform entspricht, nach unten hängen.

Zum Anbinden der Blütenrispen verwendet man einfache Clips, mit denen man Tiefkühlbeutel verschließt. Es gibt

1

Blütenrispen anbinden
Junge Blütenrispen können Sie mit einem Stab in die gewünschte Richtung lenken. Befestigen Sie die Rispe an mindestens zwei Stellen am Stab. So sieht sie schön aus und kann später auch nicht abbrechen.

2

Blätter entfernen
Alte, unten an der Pflanze sitzende oder beschädigte Blätter sollten Sie regelmäßig entfernen. Man schneidet sie jedoch nicht ab, sondern zieht vorsichtig an ihnen und reißt sie mit einem leichten Ruck ab.

3

Blätter reinigen
Staub sowie Kalkflecken wischt man am besten mit einem sehr weichen Tuch aus Wolle ab. Streifen Sie dabei immer ohne Druck sanft in Längsrichtung der Blätter. Blattglanzspray oder Bier helfen bei hartnäckigen Flecken.

aber auch dekorative, bunte Clips in Libellen- oder Schmetterlingsform (→ Seite 47) sowie elegante Glasstäbe. Sobald sich Knospen bilden, wird die Rispe mit den Clips an einem schmalen Bambusstab befestigt.
Stecken Sie den Bambus- oder Holzstab immer hinter die Blütenrispe. So steht er stabiler und kann das Gewicht der Blüten sicher tragen.
Verwenden Sie zum Anbinden mindestens zwei Clips. Wird die Rispe beim Aufblühen schwerer und biegt sich nach unten, binden Sie sie zur Sicherheit mit einem weiteren Clip fest.

Hängende Blütenrispen

Bei im Topf kultivierten Orchideen mit hängenden Rispen kann es passieren, dass der neue Blütenstiel nicht über den Topfrand wächst, sondern in das Substrat hinein wächst. Bei der Korb- oder Blockkultur ist dies kein Problem, weil die Rispe unten aus dem Korb herauswachsen kann. Im Topf findet die Rispe jedoch keinen Ausgang. In diesem Fall schieben Sie frühzeitig ein Stecketikett unter den Rispenansatz, das bis zum Topfrand reicht. Die Rispe gleitet nun auf dem Plastiketikett bis zum Topfrand. Danach entfernen Sie das Etikett wieder.

Die Blütenhülle öffnen

Selbst wenn Orchideen Blütenrispen treiben und auch reichlich Knospen bilden, kann es vorkommen, dass sich die Knospen einfach nicht öffnen können. Dies ist z. B. bei *Cattleya*-Arten der Fall. Bei ihnen entwickeln sich die Blüten in einer Blütenscheide. Diese Hülle ist geschlossen und muss durch den wachsenden Blütenstiel durchdrungen werden. Da die Hüllblätter sich unter Kulturbedingungen oft nicht trennen, sollten Sie die Blütenhülle aufschneiden, sobald Sie die kleinen Knospen durchschimmern sehen (→ Seite 81).
Ähnliches geschieht bei *Miltoniopsis* und anderen Orchideen: Hier verfängt sich die austreibende Blütenrispe manchmal in einem V-förmig zusammengeklappten Blatt und beginnt sich aufzurollen. In diesem Fall trennen Sie das Blatt vorsichtig auf und holen die Rispe behutsam hervor.

Knospen öffnen

Es gibt einige wenige Orchideen, die – besonders im Winter bei zu trockener Luft – ihre voll ausgebildeten Knospen nicht ganz öffnen. Hier hilft man sanft nach und zieht die Blütenblätter auseinander.

Weitere Pflegemaßnahmen

- **Altes Laub entfernen:** Welkes oder beschädigtes Laub sieht nicht nur unschön aus, sondern ist auch eine Eintrittspforte für Krankheitserreger. Prüfen Sie Ihre Orchideen deshalb regelmäßig auf abgestorbene Blätter und entfernen Sie diese (→ Abb. 2).

BLÜTENRISPEN SCHÖN ANGEBUNDEN

J	F	M	A	M	J	J	A	S	O	N	D

Zeitbedarf:

10 Minuten

Material:

- 1 Bambus- oder Holzstab pro Blütenrispe
- Clips von Tiefkühlbeuteln oder spezielle Clips zum Anbinden, z. B. in Libellenform, oder einfacher Bindedraht

Werkzeug, Zubehör:

- Zange zum Kürzen zu langer Stäbe
- scharfe Schere zum Abschneiden des Bindedrahts

- **Blätter reinigen:** Ist eine Orchidee stark eingestaubt (→ Abb. 3), brausen Sie sie in der Dusche ab. Bei sehr kalkhaltigem Wasser bilden sich jedoch dadurch wieder neue Flecken (→ Seite 80). Besser ist es, die Blätter mit einem Wolllappen abzuwischen. Als Lösungsmittel für Staub oder Flecken empfiehlt sich Blattglanz-Spray oder Bier. Geben Sie beides aber nicht direkt auf die Blätter, sondern auf das Tuch, damit die Blätter nicht unnatürlich glänzen. Falls Sie die Blätter besprühen, dürfen die Blüten nicht nass werden, weil sonst schwarze Flecken entstehen.

› FRAGE & ANTWORT

Expertentipps rund um die Pflege

Manchmal wollen Orchideen nicht mehr richtig wachsen. Die Gründe dafür können vielfältig sein: Die Pflanze steht vielleicht an einem neuen Standort oder das Gießwasser oder der Dünger sind ungeeignet. Doch meistens gibt es für diese Probleme eine einfache Lösung.

? Ich bin nicht sicher, ob mein Leitungswasser zum Gießen meiner Orchideen geeignet ist. Worauf muss ich es testen lassen?

Zunächst sollten Sie bei Ihren Stadtwerken nach dem Leitfähigkeitswert des Wassers fragen. Er wird in Mikrosiemens oder EC (1 EC = 1000 µS), d. h. Electronic Conductivity, angegeben. Vergleichen Sie diese Zahl mit den Werten in der Tabelle auf Seite 50. Liegt der Wert über dem Idealwert von 200–400 µS, sollten Sie Ihr Leitungswasser mit destilliertem Wasser im Verhältnis 1:3 mischen. Ist der Leitfähigkeitswert in Ordnung und kümmern die Orchideen trotzdem, sollten Sie das Wasser in einem Analyse-Labor in Ihrer Nähe auf Spurenelemente untersuchen. Adressen finden Sie im Anhang (→ Seite 126). Geben Sie aber an, dass Sie keine Trinkwasseranalyse benötigen, so sparen Sie Geld.
Selbst wenn Sie mit Regenwasser gießen, kann es Probleme geben. Wenn Sie z. B. eine neue Kupferregenrinne am Hausdach haben, kann der Kupfergehalt im Wasser erhöht sein. Auch Eisen, Mangan oder Zink können in zu hohen Konzentrationen vorkommen.

? Ich habe die Möglichkeit, meine Orchideen im Sommer ins Freie zu stellen. Ist das zu empfehlen und was muss ich dabei beachten?

Wenn Sie Ihre Orchideen, die kühl und temperiert kultiviert werden, über die Sommermonate in den Garten stellen können, danken sie es Ihnen mit einem kräftigen Wuchs und besonders üppigem Blütenflor. Es ist auch nicht schwierig, das passende Sommerquartier für Orchideen zu finden: Man kann die Pflanzen einfach mithilfe eines Ampelhängers in einen Laubbaum in den Schatten hängen. Außerdem können dort Insekten nicht so einfach in den Topf klettern wie auf dem Boden. Auch eine schattige Seite an der Hauswand eignet sich. Stellen Sie die Orchideen hier am besten auf ein niedriges Podest aus Brettern oder Backsteinen oder auf eine Pflanzenetagere. Für eine größere Orchideensammlung können Sie aus Dachlatten ein Häuschen bauen und mit undurchlässiger Folie überspannen. So stehen die Pflanzen vor Regen und direkter Sonne geschützt. Sogar eine automatische Berieselungsanlage können Sie installieren – sie macht Sie unabhängig von fremder Pflege, wenn Sie einmal lange verreisen.

? Ich besitze Orchideen aus verschiedenen Gattungen. Benötigen die Gattungen unterschiedlich lange Licht und muss ich dies beachten?

In unseren Breiten ist es nicht sinnvoll, die Gattungen nach ihrem unterschiedlichen Lichtbedarf zu unterscheiden. Denn bei uns gepflegte Orchideen stammen aus den Tropen und Subtropen und benötigen alle im optimalen

Fall mindestens zwölf Stunden täglich Licht (→ Seite 23). Im Sommer ist dies kein Problem, die Pflanzen bekommen dann bei uns reichlich Licht. Oft müssen Sie die Pflanzen sogar schattieren, um sie in der Mittagszeit vor der Sonne zu schützen (→ Seite 48). Im Winter jedoch kann man diese lange Beleuchtungszeit nicht bieten. Rücken Sie dann die Orchideen nahe ans Fenster, um das Licht auszunutzen. Außerdem sollten Sie ein Zusatzlicht installieren (→ Seite 48).

? Woran kann es liegen, dass meine *Phalaenopsis* nicht wieder zur Blüte kommt?

Jede Orchideenart hat ihren Rhythmus – die meisten von ihnen blühen einmal im Jahr. Eine große Ausnahme sind die Hybriden der Gattung *Phalaenopsis*, die meist schon vier Monate nach der letzten Blüte wieder neue Blüten treiben. Manchmal macht eine *Phalaenopsis* aber eine Blühpause von bis zu einem Jahr, ohne dass man Gründe dafür findet. Blüht sie nach dieser Zeit immer noch nicht, stellen Sie die Pflanze für zwei Monate etwas kühler. Gerade Räume mit Fußbodenheizungen kühlen sich nachts nicht so stark ab wie Räume mit normalen Heizkörpern. Dadurch ist der Temperaturunterschied zwischen Tag und Nacht, die Nachtabsenkung (→ Seite 21), für die Orchideen zu gering und die Blütenbildung wird gestört.

? Ich bin vor einigen Monaten umgezogen. In dem neuen Haus wachsen und blühen meine Orchideen an ihrem Platz auf der Fensterbank nicht mehr so schön wie früher. Woran kann das liegen?

Sicherlich hatten Sie während des Umzugs viel Arbeit und haben Ihre Orchideen – ohne es zu bemerken – vernachlässigt. Leicht geschwächt kommen diese also auf eine neue Fensterbank, wo wahrscheinlich ganz andere Lichtverhältnisse herrschen als auf der im alten Haus. Auch kann das Wasser von anderer Qualität sein. Vielleicht sind Sie beim Gießen aber auch von Regenwasser auf Leitungswasser umgestiegen, weil Sie noch keine Möglichkeit zum Regenwassersammeln haben. Oder Sie sind in einen Neubau gezogen, über dessen Dachrinne Kupfer oder Zink in das Regenwasser gelangen können.
Vielleicht bekommen die Orchideen an ihrem neuen Platz aber auch zu wenig Licht oder sie stehen zu kühl oder zu warm. Versuchen Sie also, für die Orchideen wieder die besten Lebensbedingungen zu schaffen. Und wappnen Sie sich mit Geduld – bei Orchideen kann es bis zu einem Jahr dauern, bis sie sich an neue Bedingungen gewöhnt haben und wieder wie früher wachsen und blühen.

? Ich habe gehört, dass es für Orchideen gut sein soll, wenn man den Sauerstoffgehalt des Regenwassers, das man zum Gießen nimmt, mithilfe eines Luftsteins erhöht. Ist das richtig?

Es gibt Hinweise, dass Wasser mit hohem Sauerstoffgehalt das Orchideenwachstum fördert. Doch fällt durch den sprudelnden Sauerstoff das Eisen im Wasser aus und fehlt dann für die Ernährung der Pflanzen. Zwar könnte man einen speziellen Eisendünger zum Dünger hinzufügen. Doch dieser Aufwand lohnt sich kaum, weil der höhere Sauerstoffgehalt im Wasser nicht genügend Vorteile bringt.

? Verträgt es eine Orchidee, wenn ich sie auf Dauer mitten in den Raum stelle?

Nein, das bekommt keiner Orchidee. Unserem Auge fällt es zwar nicht auf – aber das Licht nimmt mit der Entfernung vom Fenster sehr stark ab (→ Seite 23). Lediglich in Räumen, die sehr hell sind, kann man, allerdings nur in der hellen Jahreszeit, eine Ausnahme machen. Optimal für die Pflanze ist es nie. Stellen Sie sie deshalb höchstens für die Zeit der Blüte in den Raum, damit Sie die Blüte besser genießen können.

? Zum Gießen oder Tauchen nehme ich meine Orchideen von der Fensterbank. Muss ich den Topf markieren, damit sie danach exakt wie vorher auf der Fensterbank stehen?

Eine Markierung benötigen Sie sicher nicht. An nicht sehr hellen Fenstern richten Orchideen ihre Blätter so zum Licht, dass es auffällt. Dann hilft die Blattstellung, die Pflanzen wieder so wie vorher hinzustellen. An einem ausreichend hellen Fenster jedoch kann man keine Ausrichtung der Pflanze zum Licht erkennen. Hier ist es gleichgültig, in welcher Position Sie die Pflanze nach dem Gießen wieder an ihren Platz stellen.

Nachwuchs für Orchideen

Seit die Vermehrung von Orchideen dank moderner Methoden so einfach geworden ist, sind Orchideen zu erschwinglichen Zimmerpflanzen geworden. Und mit der Teilung können Sie sogar selbst neue Pflänzchen gewinnen und mit anderen Orchideenfreunden tauschen.

Früher ging das Sammeln von Orchideen oft auf Kosten der Pflanzen am Naturstandort: Noch bis in die 70er Jahre des 20. Jh. stammten die meisten Orchideen, die in Europa und Amerika verkauft wurden, aus den Regen- und Nebelwäldern der Tropen. Und weil damals noch zu wenig über die Kultur dieser Pflanzen bekannt war, gingen viele Orchideen nach der Blüte sehr schnell ein. Viele Orchideen-Arten wurden durch diesen Raubbau sogar ausgerottet oder sind inzwischen vom Aussterben bedroht.

Orchideenzucht ist Artenschutz

Heute sorgt nicht nur das Washingtoner Artenschutzabkommen für den Schutz wilder Orchideen. Vielmehr machen es moderne Vermehrungsmethoden möglich, dass unzählige Orchideenarten in Pflanzenlabors über Samen oder in Gewebekultur gezüchtet werden. Allein in Europa werden jedes Jahr Zigtausende produziert. Für den Orchideenfreund hat dies große Vorteile: Durch die Zucht sind wuchsfreudige, farbenprächtige Sorten entstanden, die an das Klima in unseren Wohnräumen angepasst sind.

Orchideen selbst vermehren

Manche Vermehrungsmethoden kann man sogar selbst zu Hause durchführen. Dazu gehören die vegetativen Vermehrungsmethoden wie die Teilung sowie das Vermehren durch so genannte Kopfstecklinge oder Kindel.
Schwieriger ist die generative, also die geschlechtliche Vermehrung durch Samen. Zwar gibt es theoretisch Möglichkeiten, die sterilen Grundvoraussetzungen, die zur Samenvermehrung von Orchideen nötig sind, in der heimischen Küche zu schaffen, doch das ist so kompliziert, dass man diese Vermehrungsmethode besser dem Fachmann überlässt. Erst recht gilt dies für die Anzucht durch Gewebekultur.
Wer es trotzdem nicht versäumen will, Orchideenbabys aufwachsen zu sehen, kann die Jungpflänzchen im sterilen Becher kaufen und mit wenig Mühe selbst aufpäppeln.

In der Natur bestäuben je nach Art verschiedene Insekten oder Kolibris die Blüte. Züchter ahmen dies mit einem Holzstäbchen nach.

PRAXIS

Kindel, Stecklinge und Co

Orchideennachwuchs gratis: Manche Arten sorgen selbst für Nachwuchs und bilden so genannte Kindel. Andere lassen sich leicht durch Kopfstecklinge vermehren oder einfach teilen.

SCHNELLER NACHWUCHS MIT STECKLINGEN

J	F	M	A	M	J	J	A	S	O	N	D

Zeitbedarf:

ca. 20 Minuten pro Pflanze

Material:

- spezielles für Orchideen geeignetes Substrat
- Töpfchen zum Einpflanzen der Stecklinge
- Aktivkohlepulver zum Desinfizieren der Schnittstellen

Werkzeug, Zubehör:

- scharfes Messer oder scharfe Gartenschere

Achtung: Die Werkzeuge sollten Sie vor Gebrauch unbedingt abflammen.

Mit selbst gezogenen Orchideen können Sie nicht nur Ihre Sammlung vergrößern. Die Pflänzchen sind auch begehrte Objekte bei Tauschbörsen (→ www.orchideenforum.de).

Wie von selbst: Kindel

Kurz bevor die letzten Blüten an einer *Phalaenopsis*-Rispe verwelken, entstehen manchmal am Ende des Blütenstiels neue Blätter. Diese bilden sich wie bei der Mutterpflanze paarweise aus.
Schließlich treiben noch junge Wurzeln aus, und es entsteht ein ganzes Pflänzchen, das man Kindel oder Keiki nennt.
Kindel-Bildung kommt überwiegend bei monopodialen Orchideen wie z. B. *Phalaenopsis* vor. Aber auch manche sympodiale Orchideen wie *Dendrobium*-Hybriden bilden Kindel. Hier wachsen sie meist an den Bulben und nicht an der Blütenrispe. Diese Kindel werden vorsichtig abgerissen.

Mit folgenden Maßnahmen können Sie den Nachwuchs fördern:

- Besprühen Sie die jungen Wurzeln zwei- bis dreimal täglich und erhöhen Sie die Luftfeuchtigkeit durch das Aufstellen von Verdunstungsschalen.
- Sie können die jungen Wurzeln noch länger feucht halten, indem Sie den Wurzelhals der Jungpflanze mit grobem Moos umwickeln und es mit Bindedraht befestigen. Dann brauchen Sie weniger zu sprühen.
- Hat das Kindel mindestens ein Drittel der Größe der Mutterpflanze erreicht und sind zwei bis drei Wurzeln so lang wie das Kindel, können Sie es mit einem Stück der Rispe von der Mutterpflanze abtrennen. Bestreuen Sie die Wunden mit Aktivkohlepulver, um eine Infektion zu vermeiden.
- Wählen Sie einen kleinen Topf (6–9 cm) und gehen Sie beim Einsetzen der Wurzeln vorsichtig vor. Füllen Sie frisches Substrat ein und gießen Sie es an. Gießen Sie morgens, damit das Substrat bis zum Abend wieder abtrocknet.
- Bis die Wurzeln deutlich wachsen, sollten Sie oft sprühen und die Pflanze an einen warmen, hellen Platz stellen.

Aus Kindeln gezogene Pflanzen haben einen großen Vorteil: Sie können ohne weiteres schon in den nächsten Monaten blühen.

Ganz einfach: Teilung

Sympodiale Orchideen kann man ganz einfach durch Tei-

Kindel abtrennen
An der Blütenrispe der Mutterpflanze entstandene Kindel trennt man ab, indem man die Pflänzchen mit einem scharfen Messer vorsichtig unterhalb des Wurzelhalses abschneidet.

Orchideen teilen
Oft fallen Exemplare sympodialer Orchideen beim Umtopfen von selbst auseinander. Wenn nicht, zieht man vorsichtig an den Pflanzenteilen und dreht sie leicht. So lösen sie sich gut voneinander.

Kopfstecklinge gewinnen
An Trieben mit Luftwurzeln kann man unterhalb der Luftwurzeln ein Triebstück als Kopfsteckling abtrennen. Bei *Ludisia* (→ Abb.) kann man auch ein Stück vom Haupttrieb abschneiden.

lung der Pflanze vermehren. Jeder neue Trieb reift wieder zu einer neuen Pflanze. Sehr große Pflanzen fallen manchmal beim Topfen von selbst auseinander, bei kleineren müssen Sie nachhelfen.

- Lösen Sie zuerst die Pflanze aus dem Topf und entfernen Sie vorsichtig das Substrat.
- Zählen Sie vom jüngsten vollständigen Trieb aus drei Bulben ab. Hier können Sie den Wurzelstock mit einem scharfen, abgeflammten Messer durchschneiden. Lassen Sie aber mindestens drei Bulben und einen Neutrieb zusammen. Sind die Pflanzen kleiner, wachsen sie nur bei leicht wurzelnden Arten wie *Bulbophyllum* an.
- Bestreuen Sie die Wunden vor dem Einpflanzen mit Aktivkohlepulver, damit keine Krankheitskeime eindringen.

Bei *Paphiopedilum* und Verwandten sind die Triebe oft nicht sehr fest verbunden. Meist benötigt man nicht einmal eine Schere, sondern kann sie so auseinander ziehen.

Stecklinge schneiden

Monopodiale Orchideen mit kletterndem Wuchs wie *Angraecum*, *Epidendrum* oder die Vanille kann man durch Kopfstecklinge vermehren. Dies sind Triebstücke, die wieder zu ganzen Pflanzen heranwachsen.

- Trennen Sie ein Triebstück unterhalb von Luftwurzeln ab. Die Schnittstelle wird mit Aktivkohlepulver bestreut.
- Entfernen Sie die untersten Blätter. An dem Triebstück sollten sich mindestens zwei bis drei Wurzeln befinden, die eingetopft werden. Weiter oben sitzende Wurzeln können über den Topf ragen, brauchen aber eine hohe Luftfeuchtigkeit.
- Der untere Teil der Pflanze treibt in den nächsten Monaten seitlich aus.
- Eine Ausnahme ist *Ludisia discolor* mit ihrem fleischigen Stamm. Ohne die Mutterpflanze auszutopfen, können Sie mit einem scharfen Messer nicht nur die seitlichen Neutriebe, sondern auch den Hauptspross über der Basis abschneiden und in feines Orchideensubstrat topfen. Die Schnittstellen bestreut man wieder mit Holzkohlepulver. Nach zwei bis drei Monaten sind die Stecklinge angewachsen, auch die Mutterpflanze treibt wieder neu aus.

PRAXIS

So werden Orchideen gezüchtet

Züchter kreieren neue Orchideen, indem sie Eltern-Pflanzen wie in der Natur bestäuben und kreuzen. Entsteht eine viel versprechende, neue Orchidee, wird sie zigtausendfach im Labor vermehrt.

Bei der generativen oder geschlechtlichen Vermehrung kombinieren sich die Erbinformationen der Elternpflanzen: So entstehen Pflanzen mit neuen Eigenschaften. Wichtige Kriterien für die Auswahl der Elternpflanzen sind z. B. die Größe und die Form der Blüten, die Blütenfarbe, die Haltbarkeit der Blüten und die Blühwilligkeit. Bei Orchideen sind diese Kombinationsmöglichkeiten besonders groß, denn es lassen sich nicht nur Pflanzen einer Art kreuzen, sondern auch Pflanzen verschiedener Arten und sogar Gattungen. Den Nachwuchs unterschiedlicher Arten und Gattungen nennt man Hybride (→ Seite 84/85).

Natürliche Vermehrung: die Bestäubung

Züchter, die die Merkmale bestimmter Elternpflanzen gezielt kombinieren wollen, ahmen die Bestäubung nach: Sie nehmen Pollen von der Blüte der Vaterpflanze ab und streifen ihn auf die Narbe einer Blüte der Mutterpflanze. Je nach Art reift der Samen in drei bis neun Monaten (→ Abb. 1). Orchideensamen sind sehr fein, weil sie kein Nährgewebe besitzen, das sie mit Nährstoffen versorgt. In der Natur können sie nur keimen, wenn sie in der Erde auf einen bestimmten Wurzelpilz treffen, der die Samen keimen lässt und die Keimlinge mit Nährstoffen versorgt. Züchter bringen den Samen auf ein Nährmedium mit Wasser, Zucker und Salzen auf, die der Embryo zum Wachsen benötigt (→ Abb. 2). Das Medium muss steril sein, weil sich sonst Bakterien oder schädliche Pilze breit machen. Nach drei bis neun Monaten keimen die Samen. Die Keimlinge benötigen dann noch ein- bis zweieinhalb Jahre, bis sie zu kräftigen Jungpflanzen herangewachsen sind. Diese ganze Zeit verbringen sie in sterilen, geschlossenen Plastikbechern unter künstlicher Beleuchtung in einem Labor. Als Orchideenliebhaber kann man solche Kulturbedingungen zu Hause nur schwer nachahmen. Wenn Sie aber doch Ihre eigene Züchtung kreieren wollen, können Sie eine Samenkapsel auch in ein so genanntes Auftragslabor schicken und die Keimlinge dort zwei Jahre lang kultivieren lassen.

Jungpflanzen selber aufziehen

Heute werden solche Sterilbecher z. B. auf Orchideenausstellungen oder im Internet

Praxisinfo

BÜHNE FREI FÜR ORCHIDEEN

Auf Orchideenausstellungen können Sie Pflanzen erwerben und viele Anregungen finden:

- Sie können viele neue, besonders seltene und gut kultivierte Orchideen kennen lernen und erwerben.
- Wenn Sie Zweifel haben, bestimmen Fachleute Ihre Orchideen mit dem exakten Namen.
- Der Kontakt zu Züchtern, Gärtnern und Liebhabern ermöglicht es, wertvolle Informationen auszutauschen.

zum Kauf angeboten. Sie können die Orchideenbabys zu Hause aufziehen (→ Abb. 3).

- Im Frühjahr, wenn das Licht starkes Wachstum verspricht, entnimmt man die Jungpflanzen aus dem sterilen Becher und topft sie in luftiges Substrat (→ Abb. 4–5).
- Hat der Topf über 10 cm Durchmesser, müssen Sie unbedingt eine Dränage einfüllen.
- Vor allem in den ersten beiden Wochen müssen die Jungpflanzen sehr luftfeucht bis nass kultiviert werden. Dazu zieht man tagsüber eine durchsichtige Plastiktüte über die Pflanzen. Stecken Sie zuvor vier Stäbe in den Topf und stülpen Sie dann die Tüte darüber, damit sie nicht herunterrutscht. Abends entfernt man die Tüte, damit die Pflanzen abtrocknen und sich keine Pilze ansiedeln. Der Topf sollte sehr hell stehen, aber niemals direkter Sonne ausgesetzt sein.

Tausendfach vermehrt

Züchter vermehren heute Orchideen im großen Maßstab im Sterillabor mithilfe der Gewebekultur (Meristemvermehrung). Man entnimmt der Pflanze unter dem Mikroskop teilungsfähige, unspezialisierte Zellen und bringt sie auf ein Nährmedium auf. Sie vermehren sich, werden dann auf ein anderes Nährmedium übertragen und entwickeln sich hier zu kompletten Pflanzen. Aus einer Mutterpflanze entstehen so Tausende von identischen Jung-Orchideen.

1 **Vermehrung durch Samen** Samen für die Aussaat gewinnt man meist aus unreifen Samenkapseln. Sie sind noch nicht von einer festen Hülle umschlossen und die Samen keimen besser.

2 **Samen ausbringen** Die winzig kleinen, manchmal staubfeinen Samen werden auf ein steriles Nährmedium ausgebracht. Manche keimen erst nach neun Monaten.

3 **Jungpflänzchen im Becher** Etwa zwei Jahre später sind die Jung-Orchideen so weit herangewachsen, dass sie aus der sterilen Umgebung in ihrem Becher entlassen werden können.

4 **Nährmedium auswaschen** Waschen Sie sorgfältig das Nährmedium unter fließendem, handwarmem Wasser zwischen den Wurzeln aus. Vorsicht: Die Wurzeln brechen leicht ab.

5 **Orchideen-Kindergarten** Nun setzt man mehrere Pflänzchen gemeinsam in feines Substrat in ein Gefäß. Erst wenn sie zu dicht stehen, werden sie in Töpfe vereinzelt.

› FRAGE & ANTWORT

Expertentipps rund um die Vermehrung

Die Vermehrung von Orchideen ergibt sich manchmal fast von selbst: Zu großen Pflanzen bekommt eine Teilung gut. Bleiben beim Umtopfen Bulben übrig, kann man aus ihnen leicht neue Orchideen heranziehen. Und beachtet man einige Regeln, gelingt selbst die Anzucht gekaufter Jungpflanzen.

? Ich habe mir Jungpflänzchen im Sterilbehälter gekauft. Wo sollen diese stehen, bis ich sie im Frühjahr auspflanze?

Am besten stehen solche Becher an genau derselben Stelle, an denen später auch die ausgepflanzten Jungorchideen stehen sollen. Achten Sie aber darauf, dass die Temperaturschwankungen an diesem Platz nicht zu hoch sind. Letzteres kann passieren, wenn der Standort zu intensiver Sonnenbestrahlung ausgesetzt ist. Denn durch die Temperaturveränderungen können sich der Becher und der Deckel geringfügig gegeneinander verdrehen. Auf diese Weise können Pilzsporen, die überall in der Luft vorhanden sind, in den Becher gelangen. Passiert dies, können die Pilzsporen innerhalb von ein bis zwei Tagen keimen und ebenso schnell das ganze Nährmedium und die Pflänzchen überwuchern. Sobald Sie eine Pilzinfektion erkennen, müssen Sie die Orchideen aus dem Nährmedium nehmen und wie beschrieben (→ Seite 65, Abb. 3–5) einpflanzen und pflegen. Damit keine Pilzsporen in das Gefäß eindringen können, sollte man auch nie den Deckel zum Lüften öffnen. Dadurch würde das Medium sehr schnell verpilzen. Öffnen Sie das Gefäß erst, wenn Sie die Pflänzchen pikieren.

? Ich möchte Samenkapseln meiner Orchideen an ein Labor geben, um Keimlinge aufziehen zu lassen. Wie lange wird es dauern, bis sich aus den Samen Pflanzen entwickelt haben?

Die Entwicklung von Orchideen aus Samen bis zu blühenden Pflanzen dauert meist relativ lange. Allerdings ist der Zeitraum sehr variabel und unterscheidet sich von Art zu Art. Ein paar Anhaltswerte kann man aber geben: Etwa drei bis neun Monate dauert es, bis sich nach der Bestäubung der Blüte eine reife Samenkapsel gebildet hat. Sät man diese Samen aus, dauert es weitere drei bis neun Monate bis zur Keimung. Bis sich aus einem winzigen Keimling eine Laborjungpflanze entwickelt hat, vergehen 18 bis 30 Monate. Und zwei bis fünf Jahre dauert es, bis aus einer auspikierten Jungpflanze eine blühende Orchidee herangewachsen ist. Von der Bestäubung bis zur Blüte vergehen also vier bis neun Jahre. Im Durchschnitt geht man von fünf bis sechs Jahren aus.

? Ich möchte meine zu groß gewordenen Orchideen teilen. Vertragen sie das und wie oft darf man dies tun?

Orchideen vertragen das Teilen sehr gut, wenn die einzelnen Teilstücke nicht zu klein werden. So ist es möglich, immer wieder Teilstücke heranzuziehen, die man an Freunde und Bekannte weitergeben kann. Ein idealer Zeitpunkt zum Teilen einer Orchidee ist das Umtopfen: Die alte Pflanze wird durch das Teilen verkleinert, sodass sie wieder in den alten

Topf und Übertopf passt und auch wieder an ihrem gewohnten Standort auf der Fensterbank Platz findet. Zusätzlich gewinnen Sie eine oder mehrere neue Teilpflanzen. Auf der anderen Seite ist es aber auch reizvoll, wenn man eine Orchidee über Jahre zu imposanter Größe heranwachsen lässt, die viele Fronttriebe ausbildet. Ein jeder dieser Fronttriebe blüht Jahr für Jahr mit deutlich mehr Kraft als dies einer Pflanze, die immer wieder geteilt wird und nur wenige Triebe hat, möglich ist.

? Ich habe gehört, dass man sympodiale Orchideen auch durch Rückbulben vermehren kann. Wie funktioniert das und was muss ich dabei beachten?

Fast alle sympodialen Orchideen kann man über eine Teilung (→ Seite 62/63) vermehren, doch wird dabei empfohlen, immer mindestens drei Bulben zusammen stehen zu lassen. Es kommt aber vor, dass beim Umtopfen oder auch bei der Teilung einzelne ältere, blattlose Bulben anfallen, die keinen Fronttrieb haben, aber fest und gesund sind. Dies sind so genannte Rückbulben. Manchmal werden sie beim Umtopfen abgeschnitten, weil die Pflanze sonst über den Topf herausragt, oder sie bleiben bei der Aufteilung in Teilstücke übrig. Grundsätzlich lohnt es sich, sie weiter zu pflegen. Diese Rückbulben pflanzt man einfach in ein relativ feines Substrat. Sollte die Bulbe im Topf nicht von selbst stabil genug stehen, kann man sie mit einem Stab und Bindedraht befestigen, sodass sie fest in einer Position sitzt. So können neu wachsende Wurzeln nicht beschädigt werden, weil die Bulbe umkippt. Wichtig ist, dass Sie die Rückstücke, wie sie auch genannt werden, ohne Staunässe, aber mit viel Licht pflegen. Meist treiben Rückbulben seitlich wieder aus und bilden eine neue Pflanze. Diese kann schon nach einem bis zwei Jahren wieder blühen. Es kommt aber auch vor, dass solche Rückbulben erst nach einem oder sechs Monaten oder noch später austreiben. Verlieren Sie also nicht die Geduld – solange die Bulbe fest ist, lohnt es sich zu warten.
Nicht über Rückbulben sollte man die sympodialen Orchideen vermehren, die auch nach mehreren Jahren der Pflege nicht mehr als drei Bulben bilden. Dazu gehören z. B. *Polystachia*- oder *Catasetum*-Arten. Hier sterben die älteren Bulben ab bzw. sie bilden sich zurück.

? Ich möchte meine Orchideensammlung erweitern und weiß nicht, ob ich Hybriden oder besser Arten wählen soll. Welche Vorteile haben Hybrid-Züchtungen gegenüber reinen Orchideenarten? Und kauft man besser Import-Pflanzen oder bei uns gezüchtete Orchideen?

Generell kann man sagen, dass Hybrid-Züchtungen den reinen Arten vorzuziehen sind, weil sie pflegeleichter sind und sicherer blühen. Denn die zwei Elternpflanzen einer Art, die bei uns nachgezogen wird, erfüllen ein wichtiges Auswahlkriterium: Sie sind in Deutschland bereits zur Blüte gekommen. Eine Hybride besteht aber zumindest aus zwei solcher Arten oder aus einer Art und einer Hybride oder aus zwei Hybriden. Sie wird bei uns also sicher blühen, weil sie von blühfähigen Eltern abstammt, und ist deshalb der Naturform einen Schritt voraus. Zudem vereinen sich in einer Hybride neue, sehr verschiedene Gene miteinander. Es entsteht ein breites Spektrum neuer Pflanzen, von denen nur die schönsten und diejenigen mit den besten Eigenschaften von den Züchtern ausgewählt und weiterkultiviert werden.
Auch bei reinen Arten werden selbstverständlich nur gut wachsende Pflanzen ausgewählt und kultiviert. Sie bewahren sich jedoch ihre ursprünglichen Eigenschaften. Selbst wenn über mehrere Generationen nachgezogene Arten mit der Zeit immer wüchsiger werden, sind sie nie so gut an die Kultur im Haus angepasst wie Hybriden.
Genauso verhält es sich aber auch mit Nachzuchten, die aus Europa stammen. Sie haben den großen Vorteil, dass sie von Eltern abstammen, die bei uns bereits zur Blüte gekommen sind. Das bedeutet, dass diese Elternpflanzen in der Lage waren, unter den hiesigen Licht- und Temperaturbedingungen zu wachsen und zu blühen. Pflanzen, die in Asien, Südamerika oder Afrika nachgezogen wurden, benötigen meistens auch die dortige intensive Sonne und die hohen Temperaturen mit der entsprechenden Luftfeuchte rund ums Jahr, um zur Blüte zu kommen. Nachkömmlinge solcher Eltern haben es in unseren Gefilden sehr viel schwerer bzw. schaffen es oft nicht, Blüten zu bilden.

Das hält Orchideen fit

Vorbeugen ist besser als heilen – das gilt auch für Orchideen. Wer seine Orchideen richtig pflegt, schafft die beste Grundlage dafür, dass die Pflanzen gute Abwehrkräfte haben und fit sind. Und selbst wenn Orchideen einmal krank werden, gibt es Methoden und Hilfsmittel, um sie zu kurieren.

Grundsätzlich sind Orchideen nicht besonders anfällig für Krankheiten. Die Voraussetzung dafür, dass Ihre Pflanzen robust und widerstandsfähig gegen Insekten, Viren, Bakterien oder Pilze sind, ist allerdings, dass Sie sie gut pflegen und ihnen optimale Bedingungen bieten.
Denn viele Krankheiten sind die direkte Folge von Kulturfehlern: Orchideen, die nicht lange genug Licht bekommen, in viel zu trockener Luft stehen oder so reichlich gegossen werden, dass sie ständig unter »nassen Füßen« leiden, haben nicht mehr genug Kraft, um Krankheitserregern oder Schädlingen zu widerstehen. Genauso werden Orchideen kümmerlich und schwach, wenn sie nicht ausreichend Nährstoffe in Form eines guten Orchideen-Düngers bekommen oder mit ungeeignetem Wasser gegossen werden.

Kontrolle ist besser

Aber auch wenn Ihre Orchideen bestens gepflegt sind und üppig wachsen und blühen, sollten Sie regelmäßig ein Auge auf unwillkommene Gäste haben: Wer Blattläuse, Spinnmilben, Dickmaulrüssler und Co. sowie unschöne Blattflecken rechtzeitig entdeckt, kann schon bei den ersten Anzeichen eingreifen. Sind die Pflanzen jedoch erst einmal stark befallen, kann es sehr schwierig sein, die Schädlinge wieder los zu werden. Zudem besteht die Gefahr, dass eine kranke Pflanze auch gesunde, in der Nähe stehende Exemplare ansteckt. Krankheiten können aber auch durch neu gekaufte Pflanzen eingeschleppt werden, wenn man diese vorab nicht genau untersucht.

Die richtige Diagnose

Teilweise ist es sehr schwierig, reine Kulturfehler wie Über- oder Unterdüngen von einem Befall mit Pilzen oder Bakterien zu unterscheiden. Die sorgfältige Diagnose (→ Seite 74–77) ist deshalb unerlässlich. Erst dann können Sie aus der Vielzahl der zur Verfügung stehenden Mittel und Methoden die für Ihre kranke Orchidee passenden auswählen.

Australische Marienkäfer gegen Wollläuse (oben), Florfliegen gegen Blattläuse (rechts): Nützlinge bewähren sich im Pflanzenschutz.

So bleiben Orchideen gesund

Das A und O des Pflanzenschutzes bei Orchideen ist die richtige Pflege und eine gute Hygiene: So treten viele Schädlinge und Krankheiten erst gar nicht auf oder können rasch bekämpft werden.

Je früher man Krankheiten bzw. Schädlinge erkennt, umso besser können Sie sie behandeln. Dazu müssen Sie alle Pflanzen, aber ganz besonders schwache, frisch umgetopfte, neu erworbene oder geteilte Pflanzen sowie Jungpflanzen regelmäßig auf Krankheitssymptome kontrollieren, um rasch eingreifen zu können.

Gelbtafeln in Form dekorativer Sticker sind eine gute Hilfe bei der Schädlings-Diagnose.

Vorbeugung durch gute Pflege

Gute Pflege macht Ihre Orchideen fit. Wer folgende Grundregeln beachtet, wird kaum Probleme mit Pflanzenkrankheiten haben:

- Wählen Sie nur Orchideen, denen Sie den geeigneten Temperaturbereich und Standort bieten können.
- Prüfen Sie vor dem Gießen regelmäßig, ob das Substrat wirklich abgetrocknet ist, und verwenden Sie nur Gießwasser, das kalk- und salzarm ist (→ Seite 52/53).
- Orchideen sind keine starken Esser: Überdüngen Sie sie deshalb nicht (→ Seite 50/51).
- Achten Sie darauf, dass Ihre Orchideen nicht in Zugluft stehen.

Besonderes Augenmerk auf Ihre Pflanzen sollten Sie in Zeiten richten, in denen gute Kulturbedingungen für Orchideen nur schwer zu schaffen sind:

- Ist es im Sommer sehr trocken, sorgen Sie für eine höhere Luftfeuchte (→ Seite 48/49), sonst werden die Orchideen anfällig für z. B. Spinnmilben.
- Reicht im Winter das Licht nicht für ein gesundes Wachstum der Pflanzen aus, sollten Sie ein Zusatzlicht installieren (→ Seite 48). Die Orchideen kümmern sonst rasch und verlieren ihre Widerstandskraft.
- Sobald Sie Krankheitsanzeichen oder Schädlinge erkennen, sollten Sie die Pflanze – und möglichst auch die dicht daneben stehenden – an ein anderes Fenster stellen. Diese »Quarantäne« sorgt dafür, dass sich keine weiteren Orchideen anstecken.

Hygiene hält gesund

Krankheiten und Schädlingen können Sie auch vorbeugen, indem Sie diese Hygienemaßnahmen befolgen:

- Reinigen Sie sich immer gründlich die Hände, wenn Sie mit kranken Pflanzen gearbeitet haben, damit Sie andere Pflanzen nicht anstecken.
- Zum Ein- und Umtopfen sollten Sie immer neue Töpfe nehmen oder die alten gründlich reinigen – am besten in der Spülmaschine.
- Topfen Sie die Pflanzen an einem anderen Ort aus, als Sie sie eintopfen. So kann das alte Substrat nicht mit dem neuen in Kontakt kommen, und die Übertragung von Krankheitserregern oder Schädlingen ist weitgehend ausgeschlossen.
- Schneiden Sie Stängel oder Blätter mit einer Schere oder einem Messer ab, flammen Sie diese mit einer offenen Flamme ab, bevor Sie sie für weitere Pflanzen verwenden.

Ist der Befall mit Woll- oder Schildläusen noch gering, kann der gezielte Einsatz von Öl gegen die Plagegeister helfen.

■ Alte und kranke Pflanzenteile sollten Sie so schnell wie möglich entfernen.
■ Alte, welke Blätter reißt man am besten einfach ab, weil so keine Erreger übertragen werden können.

Blattlaus und Co.

Orchideen werden nur von relativ wenigen Schädlingen befallen. Am häufigsten treten Schildläuse, Wollläuse, Blattläuse und Rote Spinnen auf. Mit Hilfe der Diagnosetafeln (→ Seite 74–77) können Sie diese leicht erkennen. Verwechslungsmöglichkeiten gibt es nur bei Thripsen und Roter Spinne: Beide verursachen silbrige Flecken auf den Blättern. Thripse erkennt man daran, dass sie fliegen können, die Rote Spinne jedoch nicht. Die genaue Unterscheidung ist wichtig, weil Thripse zu den Insekten gehören, Rote Spinnen dagegen zu den Spinnentieren. Beide muss man deshalb mit unterschiedlichen Mitteln behandeln.
■ Eine gute Hilfe zum Aufspüren von Schädlingen sind so genannte Gelb- oder Blautafeln. Die Tiere bleiben an der leimigen Oberfläche der Tafeln hängen, können dann einfacher bestimmt werden, und Sie können die geeignete Behandlungsmethode wählen.

Erste Hilfe

■ Wenn Sie Ihre Orchideen regelmäßig kontrollieren, können Sie schon im Anfangsstadium des Befalls die Jungtiere von Woll- und Schildläusen entdecken. Ist die Anzahl der Schädlinge gering, tropfen Sie mit einem Wattestäbchen je einen Tropfen Speiseöl auf jedes Tier. Das Öl verschließt die Atmungsorgane der Tiere, und diese sterben ab. Sind die Pflanzen zu stark befallen, lohnt diese Methode nicht, weil der Arbeitsaufwand sehr hoch ist und die Pflanze darunter leiden würde, wenn das ganze Blatt von einem Ölfilm überzogen wird. Bei starkem Befall behandeln Sie die Pflanze besser mit Mitteln auf Paraffinölbasis oder mit Schmierseifenlösung (→ Seite 72).
■ Wischen Sie Woll- oder Schildläuse nie ab, weil die Jungtiere und die Eier unter dem Schild leben und Sie diese durch das Wischen auf den Blättern nur verteilten.
■ Sie können auch versuchen, eine z. B. von Blattläusen befallene Orchidee unter fließendem Wasser zu säubern. Aber auch auf diese Art und Weise werden Sie nie alle Schädlinge entfernen können.

Krank durch Pilze

Pilzerkrankungen erkennt man z. B. an Belägen, watteartigen Überzügen, partiellem Welken oder auch an Blattflecken und Pusteln. Das feuchtwarme Klima, in dem Orchideen kultiviert werden, bietet leider auch optimale Wachstumsbedingungen für Pilze. Pflanzen werden aber meist nur dann befallen, wenn sie längere Zeit zu nass und bei Temperaturen gehalten werden, die für die Art zu hoch oder zu niedrig sind. Die richtige Kultur ist deshalb die beste Vorbeugung gegen Pilzbefall: Stellen Sie die Pflanzen nur locker und nicht zu dicht nebeneinander, damit die Luft zwischen ihnen zirkulieren kann. Achten Sie aber darauf, dass keine Zugluft entsteht, und halten Sie die Pflanzen nicht zu feucht.

Bakterienkrankheiten verhindern

Wo sich unsere Orchideen wohl fühlen, können sich auch krankheitserregende Bakterien gut entwickeln. Sie werden durch kranke Pflanzenteile, infizierte Erde, Gießwasser oder Arbeitsgeräte übertragen.

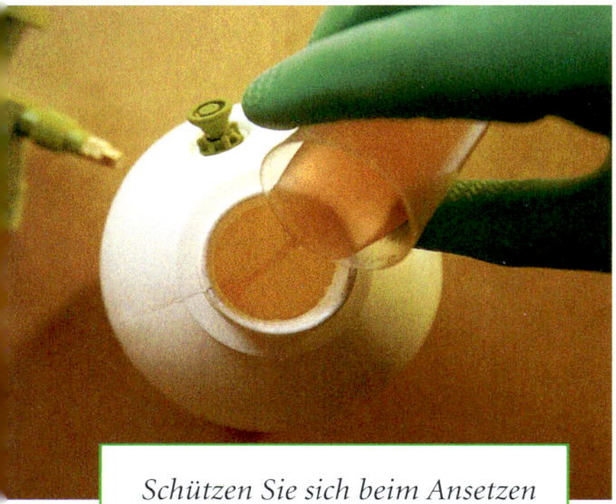

Schützen Sie sich beim Ansetzen von Pflanzenschutzmitteln unbedingt mit Gummi-Handschuhen.

Bakterien befallen vor allem Pflanzen, die bereits durch Schädlinge oder Pilze geschwächt sind, und dringen durch Wunden in das Pflanzengewebe ein. Das Schadbild ist bei den Orchideen sehr unterschiedlich. Entweder geht die Basis des Sprosses in Fäulnis über, oder die Leitungsbahnen werden verstopft. Schließlich sterben die Pflanzen ab. Andere Symptome sind fahlgelbe, schwammartige Flecken, die in ölfleckige Gebilde übergehen und faulen. Bakterien können aber auch krebsähnliche Wucherungen an der Orchidee auslösen.

Eine Bekämpfung von Bakterien ist kaum möglich. Sie können nur auf eine gute Hygiene achten und für richtige Kulturbedingungen sorgen. Halten Sie das Substrat weniger feucht, vermindern Sie die Luftfeuchtigkeit, achten Sie auf eine verbesserte Frischluftzufuhr und vermeiden Sie eine stickstoffbetonte Düngung. Infizieren sich Orchideen trotzdem, bleibt nichts übrig, als alle stark befallenen Pflanzen zu vernichten.

Viruskrankheiten

Symptome für eine Virusinfektion bei Orchideen sind Streifen oder Flecken auf Blättern oder Blüten. Ein leichter Befall ist am ehesten daran festzustellen, dass die Pflanzen – abgesehen von den Verfärbungen – nur noch schlecht wachsen, weniger Blüten ausbilden und schließlich deformiert sind.
Weil sich Viren nicht bekämpfen lassen, sollten Sie die folgenden Vorsichtsmaßnahmen beachten:

- Weil Viren oft durch saugende und fressende Insekten wie Blattläuse verbreitet werden, ist eine regelmäßige Kontrolle auf tierische Schädlinge und ihre Bekämpfung die beste Vorbeugung gegen Virenkrankheiten.
- Verwenden Sie, wenn Sie alte Blütenrispen entfernen, nur desinfizierte Scheren oder Messer. So verhindern Sie, dass eine Virusinfektion, die Sie noch nicht erkannt haben, über das verwendete Werkzeug übertragen wird.

Pflanzenschutzmittel bringen Hilfe

Wenn Ihre Orchideen doch einmal stark von Schädlingen oder Krankheitserregern befallen sind, bleibt nur der Einsatz von Pflanzenschutzmitteln. Der Fachhandel bietet heute zahlreiche Präparate an. Diese Mittel bestehen aus den verschiedensten Substanzen und haben sehr unterschiedliche Wirkungsweisen. Stellen Sie deshalb zunächst die richtige Diagnose und lassen Sie sich dann

Praxisinfo

HAUSREZEPTE GEGEN SCHÄDLINGE

Sprühen mit Schmierseifenlösung hilft gegen viele Schädlinge:

- **Gegen Blattläuse:** 15–30 g Schmierseife in 1 l Wasser auflösen.
- **Gegen Rote Spinne, Schild- und Wollläuse:** 20 g Schmierseife in 100 ml heißem Wasser lösen, auf 1 l mit Wasser auffüllen und 30 ml Brennspiritus zusetzen.
- **Gegen Thripse:** 10–30 g Schmierseife, 50 ml Brennspiritus, 1 TL Kalk, 1 TL Salz, auf 1 l Wasser auffüllen.

Bei der Kontrolle werden infizierte Pflanzenteile sofort entfernt. So kann man oft verhindern, dass sich eine Krankheit ausbreitet.

im Fachhandel beraten, welches Mittel geeignet ist. Empfehlenswert sind alle Spritzmittel, die Sie nicht selber abwiegen oder abmessen müssen.

- Fertigsprays sind jederzeit einsatzbereit. Sprays mit Treibgas sind jedoch sehr kalt. Halten Sie deshalb beim Sprühen einen Abstand von mindestens 20 cm zur Pflanze ein, sonst werden die Blätter unterkühlt. Da diese Sprays meistens auf Ölbasis hergestellt werden, sollten Sie niemals die komplette Pflanze einsprühen. Die Blätter können sonst nicht mehr atmen und sterben ab.
- Ebenfalls sehr zu empfehlen sind Stäbchen, die Schädlingsbekämpfungsmittel enthalten. Sie werden je nach Dosierungsanleitung um die Pflanze herum in das Substrat gesteckt.
- Bei allen Mitteln ist eine zweite Anwendung notwendig, da der Wirkstoff oft nur gegen ausgewachsene Schädlinge wirkt und Eier, Larven oder Sporen nicht bekämpft werden. Da Orchideen meist bei hohen Temperaturen gepflegt werden, vermehren sich auch die Schädlinge rasch. Wiederholen Sie deshalb die Anwendung schon nach ca. sieben Tagen, um auch den Nachwuchs der Schädlinge zu bekämpfen.
- Ein Problem chemischer Mittel ist, dass sich resistente Stämme des Krankheitserregers bilden können und die Mittel nicht mehr wirken. Darum ist es bei stärkerem Befall und häufigeren Anwendungen ratsam, den Wirkstoff zu wechseln. Produkte mit unterschiedlichen Namen von verschiedenen Herstellern können ein und denselben Wirkstoff enthalten. Dieser ist aber auf jeder Verpackung deutlich notiert, sodass Sie die Produkte leicht vergleichen können.
- Lesen Sie vor dem Gebrauch aufmerksam die Gebrauchsanweisung und befolgen Sie sie. Tragen Sie bei allen Anwendungen unbedingt Handschuhe und verwenden Sie die Mittel im Freien, und zwar so, dass der Wind von Ihnen weg weht. Nach der Anwendung können Sie die Pflanze wieder auf die Fensterbank stellen.

Biologischer Pflanzenschutz: Nützlinge

Nützlinge haben im Naturhaushalt die Aufgabe, Schädlinge in Schach zu halten. Weil sie im Zimmer, Gewächshaus oder Wintergarten nicht vorkommen, können sich Schädlinge hier leichter massenhaft vermehren als im Freiland. Heute gibt es eine ganze Reihe von Nützlingen, die gezielt gegen Schädlinge eingesetzt werden. Sie sind im Versandhandel (→ Seite 126) erhältlich und kommen per Post zu Ihnen ins Haus. Bringen Sie die Tiere nach der beiliegenden Anweisung aus.

- Australische Marienkäfer und ihre Larven fressen Blattläuse.
- Raubmilben gegen Spinnmilben werden auf Blättern geliefert, die man auf den befallenen Pflanzen auslegt.
- Die Puppen der Schlupfwespe sind auf Pappstickern aufgeklebt, die man in die Erde steckt. Nach wenigen Tagen schlüpfen die Wespen und vertilgen die Weißen Fliegen.
- Larven der Florfliege krabbeln aus wabenähnlichen Pappbehältern. Sowohl die Larven als auch die erwachsenen Tiere vernichten große Mengen Blattläuse.

Diagnosetafel: Schädlinge

SCHMIER- ODER WOLLLÄUSE

Schadbild: mit Wachsausscheidungen bedeckte, weiße, frei bewegliche Tiere auf der Unterseite der Blätter, an Blatträndern und in Blattachseln; Honigtau-Ausscheidungen; schwarzer Belag (Rußtau → Seite 75)
Vorbeugen: ausgewogen düngen, Kalkdüngegaben, regelm. Kontrolle
Bekämpfen: mit Öl betropfen (→ Seite 71); mit Schmierseifenlösung besprühen; befallene Pflanzen isolieren

SCHILDLÄUSE

Schadbild: runde bis ovale, stecknadelkopfgroße, braune, schildförmige Tiere an Blättern und Trieben; Honigtau-Ausscheidungen, oft auch Rußtau (schwarzer Belag)
Vorbeugen: ausgewogen düngen, Kalkdüngegaben, regelm. Kontrolle
Bekämpfen: geringer Befall: 1 Tropfen Öl pro Tier; starker Befall: mit Mittel auf Parafinölbasis einsprühen; befallene Pflanzen isolieren

BLATTLÄUSE

Schadbild: grüne, dunkle oder rötliche, 1–4 mm große Läuse an Blättern und Trieben, junge Triebe oft verkrümmt oder stockend im Wachstum
Vorbeugen: nicht möglich; besonders im Frühjahr v. a. rot blühende Pflanzen kontrollieren
Bekämpfen: mit Spritzmitteln (Fachhandel) einsprühen; helfen sie nicht, Wirkstoff wechseln und Behandlung wiederholen

WEISSE FLIEGE

Schadbild: Blätter gelbfleckig, vergilbt, ca. 1,5 mm lange, weiß bepuderte, geflügelte Insekten und gelblich grüne, schildlausähnliche Larven; Honigtau-Ausscheidungen und schwarzer Belag (Rußtau)
Vorbeugen: Luftfeuchte erhöhen; ausgewogen düngen, Kalkdüngegaben
Bekämpfen: wegen verschiedener Arten verschiedene Wirkstoffe innerhalb von 8–10 Tagen anwenden

SPINNMILBEN/ROTE SPINNE

Schadbild: Blätter oben weißgelblich gesprenkelt, blattunterseits Gespinste mit rötlichen oder grüngelben Milben
Vorbeugen: Luftfeuchtigkeit deutlich anheben, auch sprühen; gute Kultur und Düngung
Bekämpfen: handelsübliche Akarizide anwenden; bei zarten Orchideen-Arten wie *Dendrobium* oder *Epidendrum* ist ein vorbeugender Einsatz sehr zu empfehlen

DICKMAULRÜSSLER

Schadbild: eindeutige, tiefe, halbkreisförmige Fraßstellen an den Blättern (Käfer), abgefressene Wurzeln und Neutriebe (Larven)
Vorbeugen: kommt nur selten vor, Vorbeugung nicht möglich
Bekämpfen: Käfer nachts absammeln; Nematoden als Nützlinge (Fachhandel) im Gießwasser anwenden; sicherheitshalber auch andere Zimmerpflanzen behandeln

Diagnosetafel: Schädlinge & Pilzkrankheiten

SCHNECKEN

Schadbild: Loch- und Totalfraß an Blättern, Trieben und ganzen Pflanzen, auch an Rispen und Knospen; Schleimspuren
Vorbeugen: Töpfe im Sommerquartier aufhängen, nicht auf den Boden stellen; auch andere Zimmerpflanzen kontrollieren; Gewächshaus und Wintergarten abdichten
Bekämpfen: regelmäßig absammeln, Schneckenkorn/-paste ausbringen

ASSELN

Schadbild: Fraßstellen v. a. am Stängelgrund, auch an Wurzeln und Jungpflanzen; keine Schleimspuren; zersetztes Substrat
Vorbeugen: Töpfe im Sommerquartier aufhängen, nicht auf den Boden stellen; auch andere Zimmerpflanzen kontrollieren; Gewächshaus/Wintergarten abdichten
Bekämpfen: regelmäßig absammeln, Schneckenkorn/-paste ausbringen

BOTRYTIS

Schadbild: durch Pilz verursachte braune Stellen an Blättern, Blüten und weichen Stängeln, weißgrauer Schimmelrasen
Vorbeugen: Blüten nicht besprühen, Pflanzen vor kalten Nächten abtrocknen lassen bzw. in der Nacht etwas stärker heizen
Bekämpfen: unbedingt trockener pflegen; nur bei starkem Befall mit einem Fungizid einsprühen

BLATTFLECKENKRANKHEIT

Schadbild: durch Pilz verfärbte Blattteile; tritt nur selten auf, ist meist nur unansehnlich, manchmal aber für die Pflanze tödlich
Vorbeugen: richtigen Temperaturbereich wählen; für genügend Frischluft sorgen; in Vitrine oder Gewächshaus Luftfeuchte stundenweise senken
Bekämpfen: Pflanzen bei geringer Luftfeuchte kultivieren; Fungizide zeigen keine große Wirkung

WURZELFÄULE

Schadbild: tritt meist nur an geschwächten Pflanzen auf; Faulstellen an Blättern, Stängeln, Wurzeln, v. a. an den Ansatzstellen, später schorfig; tritt nur selten auf
Vorbeugen: häufigste Ursache: altes oder zu feuchtes Substrat; regelmäßig Umtopfen
Bekämpfen: sofort umtopfen, nach Entfernen der kranken Pflanzenteile abspülen; Kultur optimieren

RUSSTAU

Schadbild: schwarzer Belag auf der Blattunterseite, lebt auf den klebrigen, süßen Ausscheidungsprodukten von Blatt-, Schild- oder Wollläusen
Vorbeugen: Befall durch Läuse verhindern
Bekämpfen: Blattläuse etc. bekämpfen, da der Rußtau nur in Symbiose mit ihnen auftreten kann; der schwarze Belag lässt sich leicht von den Blättern abwaschen

Diagnosetafel: Pflegefehler

SPRITZMITTEL-SCHÄDEN

Schadbild: Blüten oder Blätter verkrüppeln, verändern die Farbe oder bleiben stecken, d. h. sie bilden keinen oder nur sehr kurze Stängel aus
Vorbeugen: Spritzmittel an einer Pflanze ausprobieren; bei Orchideengesellschaften nach Erfahrungen mit dem jeweiligen Mittel fragen, Spritzmittel immer korrekt nach Anweisung ansetzen und ausbringen
Bekämpfen: nur durch Vorbeugung

SCHADEN DURCH SPRAY

Schadbild: Blüten verfärben sich braun und vertrocknen; die Blätter bekommen unansehnliche Flecken
Vorbeugen: Sprayflaschen mit Blattglanz-Spray oder Spritzmitteln nie zu nah an die Pflanze halten, sondern Mindestabstand von 20 cm einhalten; nie die Blüten besprühen, sie werden dadurch unansehnlich und verfärben sich
Bekämpfen: nur durch Vorbeugung

ZU WENIG LICHT

Schadbild: lange, schmale, zu einer Seite orientierte Blätter, lang wachsende Stängel
Vorbeugen: Standort prüfen: für genug Licht sorgen, darauf achten, dass Bäume, Balkons oder Fensterrahmen nicht zu viel Schatten verursachen
Bekämpfen: unbedingt heller stellen, aber auf keinen Fall der direkten Sonne aussetzen

BRANDFLECKEN

Schadbild: kreisrunde bis ovale, braune, vertrocknete Stellen auf den Blättern
Vorbeugen: Pflanzen durch Schattierung oder Umstellen vor direkter Sonne, vor allem im Sommer, schützen; Brandflecken entstehen oft durch Wassertropfen auf den Blättern, die wie ein Brennglas wirken, beim Gießen deshalb Blätter nicht benetzen
Bekämpfen: nicht möglich

ZIEHHARMONIKABLÄTTER

Schadbild: Blätter falten sich wie eine Ziehharmonika auf; Ursache: zu viel Wärme, zu reichliches und unregelmäßiges Gießen; kann aber auch bei guter Kultur in geringem Maß vorkommen
Vorbeugen: gute Luftfeuchte, regelmäßig gießen, niemals – außer in der Ruhephase – vollkommen austrocknen lassen; Temperaturbereich der Pflanze überprüfen
Bekämpfen: nicht möglich

WASSERMANGEL

Schadbild: Blätter werden schlaff, Wurzeln sind abgestorben
Vorbeugen: regelmäßig umtopfen; nicht immer nass halten, aber auch nicht ganz austrocknen lassen; keine Staunässe, weil die Wurzeln sonst absterben
Bekämpfen: umtopfen, tote Wurzeln entfernen; täglich mehrmals besprühen, in mäßig feuchtem Substrat, aber mit viel Luftfeuchte kultivieren

Diagnosetafel: Pflegefehler, Bakteriosen & Virosen

STICKSTOFFMANGEL

Schadbild: hellgrüne bis gelbe Verfärbung der oberen Blätter, wenige, kleine Blüten; schlechtes Wachstum
Vorbeugen: guten, ausgewogenen Dünger verwenden; regelmäßig umtopfen in gutes Orchideensubstrat
Bekämpfen: umtopfen, um das Substrat zu wechseln; Dünger mit höherem Stickstoffgehalt benutzen, auf keinen Fall destilliertes Wasser zum Ansetzen des Düngers verwenden

PHOSPHORMANGEL

Schadbild: Blattunterseite der Pflanze ist rot bis tief dunkelrot verfärbt; schlechtes Wurzelwachstum
Vorbeugen: ausgewogenen Dünger verwenden, regelmäßig in gutes Orchideensubstrat umtopfen
Bekämpfen: umtopfen, um das Substrat zu wechseln; Dünger bzw. Dünger mit höherem Phosphorgehalt benutzen, kein destilliertes Wasser verwenden

KUPFERÜBERSCHUSS

Schadbild: braune, verkrustete Blattenden, teilweise schwarzes Herz, Pflanze wächst schlecht bzw. überhaupt nicht mehr
Vorbeugen: prüfen, woher das Gießwasser stammt (Regenrinne, Tonne), im Labor untersuchen lassen; Überschuss durch Dünger nicht möglich
Bekämpfen: mit geeignetem Wasser weiterkultivieren; bei starken Schäden Pflanze vernichten

EISENÜBERSCHUSS/-MANGEL

Schadbild: hellgrüne Flecken zwischen den Blattadern; schlechtes bis gar kein Wachstum
Vorbeugen: immer eisenhaltigen Dünger verwenden; verwendet man Brunnenwasser, vorher unbedingt Laboranalyse durchführen lassen
Bekämpfen: bei Überschuss Wasser wechseln; bei Mangel pH-Wert des Wassers messen, liegt er über 6,5, Eisendünger verwenden (→ Seite 51)

MOSAIKVIRUS

Schadbild: kreisförmige Flecken mit kreisförmiger Musterung oder Farbveränderungen der Blüte, Blütenblätter gekerbt und missgebildet
Vorbeugen: für gute Kultur sorgen; Töpfe, Messer oder Scheren sterilisieren und Hände desinfizieren
Bekämpfen: nicht möglich; Pflanze sofort isolieren; wenn sie sich nicht erholt, unbedingt die ganze Pflanze wegwerfen

BAKTERIENFETTFLECKEN

Schadbild: glasige, braune Stellen an den Blättern; Stellen vergrößern sich, und die Pflanze wird matschig; tritt v. a. bei *Phalaenopsis* auf, wenn die Nächte zu kalt sind und/oder die Pflanze nachts nass steht
Vorbeugen: gut düngen; nachts nie Mindesttemperatur unterschreiten
Bekämpfen: bei Befall die Stelle mit einem Zahnstocher aufstechen, damit sie austrocknet

› FRAGE & ANTWORT

Expertentipps rund um die Gesundheit

Selbst bei der besten Pflege kann es vorkommen, dass sich Schädlinge oder Krankheiten ausbreiten – sie können z. B. durch neu gekaufte Pflanzen eingeschleppt werden. Aber auch Kulturfehler können die Pflanzen schwächen. Doch für die meisten Probleme gibt es Rat und Hilfe.

? Wie kann ich sicherstellen, dass meine Orchideen die Zeit gut überstehen, in der ich im Urlaub bin?

Die einfachste Möglichkeit ist, einen Freund, Verwandten oder Nachbarn mit der Pflege zu beauftragen. Im Idealfall finden Sie jemanden, der ebenfalls Orchideenliebhaber ist. Damit diese Person die Pflege so gut wie möglich und so, wie es die Orchideen gewohnt sind, weiterführen kann, sollten Sie ihr genaue Anweisungen geben.
Letztlich entscheidet auch die Länge Ihrer Abwesenheit darüber, welche Urlaubspflege sinnvoll ist. Bei einem 14-tägigen Urlaub stellen Sie die Pflanzen einfach frisch gegossen etwa 1 m weit vom Fenster weg. So können sie nicht durch zu starke Sonneneinstrahlung verbrennen oder vollkommen austrocknen. Sind Sie länger als 14 Tage verreist, können Sie in einem Bad mit Fenster ein Gitter über die leicht gefüllte Badewanne legen und die frisch gegossenen Pflanzen darauf stellen. Hier stehen sie nicht zu warm, und durch das verdunstende Wasser haben sie genügend Luftfeuchtigkeit. Sie werden auch nach drei oder vier Wochen nicht ausgetrocknet und auf keinen Fall übergossen sein. Vielleicht verlieren sie ein paar Knospen oder Blüten, aber die Pflanze wird wieder austreiben. Sind Sie länger als vier Wochen verreist, kommen Sie um fremde Mithilfe nicht herum. Geben Sie der Pflegeperson in diesem Fall so genaue Anweisungen wie möglich.

? Die Knospen meiner Orchideen sind abgefallen. Sind sie krank oder habe ich etwas falsch gemacht?

Hierfür kann es mehrere Gründe geben. Der häufigste ist die dunkle Jahreszeit. Leider blühen viele Orchideen gerade im Winter besonders üppig, da die Nächte dann kühler sind und durch diese starke Nachtabsenkung die Blütenbildung angeregt wird. Allerdings schafft es die Pflanze wegen des Lichtmangels in dieser Zeit oft nicht, alle Knospen voll auszubilden. Vereinzelt werden diese dann gelb, vertrocknen und fallen ab.
Sollten aber viele oder sogar alle Knospen abfallen, dann liegt meist ein anderer Grund vor. So geben z. B. Äpfel ein gasförmiges Reifungshormon, das Ethylen, ab. Es lässt die Knospen gelb werden, bis sie schließlich abfallen. Stellen Sie deshalb besser keine Obstschale, v. a. mit Äpfeln, in der Nähe Ihrer Orchideen auf. Das Gas kann sogar aus dem Nebenraum die Knospen erreichen und zum Knospenfall führen.

? Meine Orchideen sind von Schädlingen befallen. Ich möchte versuchen, sie mit Nützlingen zu behandeln. Was muss ich dabei beachten?

Damit der Nützlingseinsatz gut funktioniert, sollten Sie sich an

folgende Grundsätze halten: Nützlinge können ihre Aufgabe nur dann erfüllen, wenn der Raum, in dem sie eingesetzt werden, ihren klimatischen Ansprüchen genügt, d. h. die Durchschnittstemperatur muss über 16 °C liegen. Glücklicherweise ist dies bei der Orchideenkultur meistens sowieso der Fall.
Ein Nützlingseinsatz ist außerdem nur dann erfolgreich, wenn Sie die Nützlinge möglichst rechtzeitig ausbringen, d. h. sobald Sie die ersten Schädlinge sehen. Um Schädlinge möglichst schnell zu entdecken, sollten Sie so genannte Blau- oder Gelbtafeln aufstellen. Es gibt sie mittlerweile auch in kleinem Format für den Gebrauch im Zimmer, und sie sind so ansprechend gestaltet, dass sie nicht stören (→ Abb. Seite 70). Blau- und Gelbtafeln ziehen Schädlinge an, die auf der klebrigen Oberfläche hängen bleiben. Dort können Sie sie leicht bestimmen und dann die entsprechenden Nützlinge bestellen. Die Tafeln können übrigens auch während des Nützlingseinsatzes hängen bleiben.
Stehen Ihre Pflanzen im Wintergarten oder Gewächshaus, sollten Sie dafür sorgen, dass kein Unkraut wächst, damit die Schädlinge möglichst wenig Versteckmöglichkeiten finden. Nehmen Sie sich außerdem Zeit für regelmäßige Befallskontrollen.
Falls Sie einen Nützlingseinsatz mit der Behandlung durch chemische Präparate kombinieren wollen, sollten Sie die Nützlinge unbedingt einsetzen, bevor Sie chemische Mittel verwenden. Detaillierte Anweisungen finden sie auf der Nützlings-Verpackung.

? Auf den Blattunterseiten meiner Orchideen entdecke ich immer wieder klebrige Tropfen. Was ist die Ursache dafür?

Bei solchen klebrigen Tröpfchen handelt es sich um Ausscheidungsprodukte von Blatt-, Schild-, Woll- oder Schmierläusen. Diese Ausscheidungen sind auch unter der Bezeichnung »Honigtau« bekannt. Die Läuse saugen Zucker aus den Pflanzen und scheiden überschüssige Mengen wieder aus. Der Honigtau selbst ist für die Orchideen unschädlich. Schädlich ist nur das Saugen der Läuse an der Pflanze. Außerdem kann sich auf dem Honigtau leicht der so genannte Rußtau-Pilz ansiedeln. Auch er ist nicht schädlich, sieht aber sehr unschön aus (→ Seite 75).
Es kann aber auch sein, dass die Orchidee nicht von Läusen befallen ist, sondern selbst Zuckertröpfchen ausscheidet. Das kommt vor, wenn die Tages- und Nachttemperaturen sich extrem stark unterscheiden oder gar nicht. Letzteres kommt in Räumen mit Fußbodenheizung vor, die nur eine geringe Nachtabsenkung haben. Dadurch werden manche Orchideen so in Stress versetzt, dass sie Zuckertröpfchen ausscheiden. Auch auf diesen kann sich der Rußtau ansiedeln. In diesem Fall sollten Sie unbedingt für eine geringere bzw. höhere Nachtabsenkung sorgen.

? Ich habe meine Orchideen schon mehrmals gegen Woll- oder Schildläuse behandelt, trotzdem tauchen sie immer wieder auf. Woher kommt das?

Dafür kann es verschiedene Ursachen geben. So können Woll- und Schmierläuse z. B. immer wieder von draußen von Gartenpflanzen ins Haus oder in den Wintergarten einwandern oder eingeschleppt werden. Aber natürlich können auch andere Orchideen und Zimmerpflanzen, die sich im selben Raum befinden, die Quelle für den wiederholten Befall sein.
Schmier- und Wollläuse können aber auch immer wieder auftreten, wenn im Pflanzsubstrat der befallenen Pflanze oder am Topfrand Läuse versteckt sind. Auch in alten, abgestorbenen Pflanzenteilen können sich Läuse verbergen. Untersuchen Sie die Pflanze deshalb regelmäßig und entfernen Sie alle abgestorbenen Blätter und trockenen Hüllblätter, zwischen denen sich die Tiere gern verstecken. Und auch in Blattachseln und Blütentrieben empfiehlt es sich, genau nachzuschauen.

? Lohnt sich der Einsatz von Pflanzenstärkungsmitteln?

Die Wirkung solcher Mittel ist umstritten. Bei einer Pflanze, die gut gepflegt und gesund ist, sollten sie nicht nötig sein. Normalerweise brauchen Orchideen nur einen Volldünger und eine regelmäßige Kalkdüngung. Manche Orchideen-Besitzer machen jedoch die Erfahrung, dass solche Mittel z. B. den pH-Wert des Substrats positiv beeinflussen, sodass Spurenelemente besser aufgenommen werden und die Pflanzen besser wachsen. Mittlerweile sind viele Varianten solcher Mittel im Handel, die sie testen können. Schaden verursachen sie sicher nicht.

Was tun, wenn …

… die frisch gekaufte Orchidee alle Knospen und Blüten abwirft?

Ursache:

Orchideen vertragen keine starken Temperaturschwankungen oder Zugluft.

Maßnahmen:

Es gibt nur wenige Wetterlagen, bei denen es nicht sehr wichtig ist, dass eine Orchidee auf dem Transport nach Hause mitsamt ihrer Blüte fest eingepackt ist. Oft wird die Pflanze einfach in eine Plastiktüte gesteckt, die oben offen ist. Meist schaut die Rispe oder Blüte sogar noch heraus. Zu Hause wirft die Pflanze dann alle Blüten und Knospen ab oder geht sogar ganz ein. Ist sie nicht zu stark geschädigt, kann sie jedoch wieder austreiben und neue Knospen ansetzen.

› Sorgen Sie dafür, dass Ihre neu gekaufte Orchidee in Papier oder Plastikfolie eingepackt wird, die rund um die Pflanze geschlossen ist. Folien sollten Sie zu Hause entfernen, weil die Orchidee sonst keine frische Luft bekommt.

› Wurde die Pflanze in Papier eingewickelt, kann man sie auch einmal einen Tag eingepackt stehen lassen. Öffnen Sie in diesem Fall jedoch das Papier oben, damit die Pflanze Licht und Luft bekommt. Orchideen, die per Post ins Haus kommen, sollten Sie sofort prüfen. Ist der Karton bereits beschädigt, öffnen Sie ihn am besten vor den Augen des Briefträgers. Zeigt die Orchidee Schäden, sollten Sie die Pflanze umgehend an den Händler zurücksenden.

… sich Kalkflecken auf den Blättern bilden?

Ursache:

Kalkflecken auf den Blättern und sogar auf den Blüten können sich nur bilden, wenn Sie die Pflanze mit kalkhaltigem Leitungswasser gießen. Die Kalkflecken können sogar dazu führen, dass die Pflanze nicht mehr ausreichend Photosynthese betreiben kann.

Maßnahmen:

› Sorgen Sie für kalkarmes Gießwasser, indem Sie Ihr Leitungswasser aufbereiten. Sie können den Kalk mit einem Wasserfilter reduzieren oder das Wasser einfach nur abkochen (→ Seite 52/53).

› Falls Sie die Möglichkeit haben, Regenwasser zu sammeln, sollten Sie Ihre Orchideen unbedingt damit gießen: Es ist kalkfrei, verursacht also keine unschönen Flecken.

› Die Flecken können Sie beseitigen, indem Sie die Blätter mit Blattglanz-Spray einsprühen und dann abwischen. Sprühen Sie das Spray aber möglichst nicht aus nächster Nähe auf die Blätter, weil es durch die Verdunstungskälte zu Verkühlungen kommt. Halten Sie einen Abstand von 20–30 cm ein. Noch schonender ist es, wenn Sie etwas Spray auf ein weiches Wolltuch geben und die Blätter damit vorsichtig reinigen. Falls Sie kein Blattglanz-Spray zur Hand haben, können Sie auch Bier nehmen.

... wenn meine Orchidee schlaffe Blätter hat?

Mögliche Ursachen:

1. Durch schlechtes, verdichtetes oder verrottetes Substrat stehen die Wurzeln trotz normalen Gießens zu lange nass. Sie können nicht atmen und abtrocknen und sterben ab. Die Pflanze kann dann nicht mehr genügend Wasser aufnehmen, auch wenn sie ausreichend gegossen wird, und die Blätter werden schlaff.

› Topfen Sie die Orchidee so rasch wie möglich in frisches, gut durchlässiges Substrat um. Wenn noch nicht alle Wurzeln geschädigt sind, kann sie sich erholen. Gesunde Wurzeln sind fest und haben fleischige Spitzen (→ Abb. Seite 15). Faule und vertrocknete Wurzeln sind dagegen braun verfärbt und schlaff.

2. Wird dem Gießwasser zu viel Dünger beigemischt, können die Wurzeln durch Übersalzung absterben. Leicht zu erkennen ist das daran, dass die Wurzelspitzen nicht mehr grün sind. Aber auch wenn zu viele Salze im Gießwasser, meist Leitungswasser, schon vorhanden sind, werden die Wurzeln angegriffen und können die Blätter nicht mehr mit genug Wasser versorgen.

› Auch in diesem Fall hilft es nur, wenn Sie die Pflanze rasch in frisches Substrat umtopfen. Entfernen Sie dabei alle abgestorbenen und kranken Wurzelteile.

3. Die Orchideen wurden zu oft oder zu selten gegossen. Kann das Substrat nach dem Gießen nicht durchtrocknen, verfaulen die Wurzeln. Auch wenn zu selten gegossen wird und das Substrat vor dem nächsten Gießen zu stark austrocknet, können die Wurzeln nach dem Gießen das Wasser nicht mehr aufnehmen, weil sie teilweise vertrocknet und abgestorben sind.

› Falls die Pflanze noch einige gesunde Wurzeln hat, können Sie versuchen, sie durch Umtopfen zu retten. Sind alle Wurzeln zerstört, müssen Sie die Pflanze wegwerfen.

4. Die Orchidee hat einen im Verhältnis zur Pflanzengröße zu kleinen Topf. Die Wurzeln können sich nicht richtig entwickeln, der Wurzelballen ist zu klein und versorgt die Pflanze nicht mehr.

› Lösen Sie die Pflanze aus dem alten Topf und setzen Sie sie in einen passenden Topf um. Zwischen dem Wurzelballen und dem Topfrand sollten maximal zwei Finger breit Platz sein (→ Seite 40/41).

... eine Knospe sich nicht öffnen kann?

Ursache:

Wenn die Knopse die Blütenscheide, die sie umgibt, nicht von selbst durchdringen kann, braucht sie Hilfe, um sich öffnen zu können.

Maßnahmen:

› Drücken Sie die Blütenscheide mit den Fingern so zusammen, dass die Längsseite sich aufbeult und die Nahtstellen platzen. Nun kann man die beiden Teile der Hülle bis unten trennen, muss dabei aber sehr vorsichtig sein, um die Knospen nicht abzubrechen.

› Sie können auch mit einer Schere die Spitze der Blütenscheide abschneiden und dann die Blütenscheide auseinander drücken. Beim Trennen der Blätter kann man auch mit einem Messer nachhelfen. Dann schneiden Sie die Blütenscheidenblätter mit einer Schere knapp ab.

› Helfen Sie möglichst schon nach, wenn die Blütenscheide zwar ganz ausgebildet ist, die Knospen aber noch nicht vereinzelt sind. Sie brechen dann nicht so leicht ab.

› Manchmal befindet sich unter der Blütenscheide noch eine zweite Hülle. Schneiden Sie auch diese ab. Manche *Cattleya*-Arten haben von Natur aus vertrocknete Hüllblätter.

3

Porträts

Die wichtigsten Orchideen-Gruppen

Der korrekte Name einer Orchideen-Hybride verrät, von welchen Eltern sie abstammt, zu welcher Gruppe sie gehört und welche Bedürfnisse und Pflegeansprüche sie hat.

Die erste aus künstlicher Bestäubung entstandene Hybride war eine Kreuzung aus *Calanthe furcata* und *Calanthe masuca*. Die Möglichkeit, Orchideen so zu vermehren, wurde im Jahr 1856 von dem englischen Arzt Dr. John Harris entwickelt. Später wurde diese Orchidee zu Ehren des Obergärtners der englischen Orchideen-Gärtnerei Veitch & Sons, John Dominy, der die Nachkommen dieser Orchideen kultivierte, *Calanthe* Dominyi getauft.
Damit war der Züchtung von Hybriden Tür und Tor geöffnet: Es folgten Kreuzungen bei *Calanthe* und *Cattleya*, und bis heute gibt es über 100 000 Hybrid-Züchtungen.
Möglich ist diese schier unglaubliche Vielfalt durch eine Besonderheit der Orchideen: Während sich bei anderen Pflanzen niemals zwei Arten miteinander kreuzen lassen und erst recht nicht zwei verschiedene Gattungen, ist dies bei Orchideen problemlos möglich. Der Grund: Die Familie der Orchideen ist entwicklungsgeschichtlich noch jung und genetisch längst nicht so stark differenziert wie andere Pflanzenfamilien, d. h. die Erbinformationen der Arten und auch der Gattungen unterscheiden sich nur wenig. So können alle Arten einer Gattung, aber auch viele verschiedene Gattungen miteinander gekreuzt werden. Das Ergebnis sind Hybriden, die die Eigenschaften der Elternpflanzen in sich vereinen. Im einfachsten Fall entsteht aus zwei Arten eine neue Hybride, eine so genannte Primärhybride. Solche Hybriden kommen auch in der Natur vor, man nennt sie dann Naturhybriden. Kreuzt man verschiedene Gattungen, entstehen Gattungs-Hybriden, deren Name aus dem der Eltern gebildet wird. So ergibt die Kreuzung der Gattungen *Odontoglossum* und *Miltoniopsis* die neue Gattung *Odontonia*. Diese »Kunstgattungen« kann man wiederum mit anderen Gattungen kreuzen. Spitzenreiter sind heute Orchideen, die aus neuen verschiedenen Gattungen hervorgegangen sind.

Aus Odontoglossum *und* Miltoniopsis *(früher* Miltonia*) entsteht die Kunstgattung* Odontonia.

Wer sind die Vorfahren?

Für Sie als Orchideenliebhaber hat diese Vielfalt zwei Seiten: Zum einen finden Sie bei Züchtern und in Orchideen-Gärtnereien ein ständig wechselndes Angebot reizvoller neuer Hybriden. Zum anderen wird es immer schwieriger, die Kulturansprüche der neuen Kreationen zu kennen, weil man sie als Laie nicht auf Anhieb den natürlichen Gruppen zuordnen kann. Doch wer weiß, von welchen Eltern eine Orchideen-Hybride abstammt, kann sich über ihre Ansprüche an die Kulturform, an Licht und Temperatur informieren. Denn von den Ansprüchen und Eigenschaften der Eltern kann man auf die der Hybriden schließen. Diese Tatsache macht sich der Porträtteil dieses Buches zunutze.

- Vorgestellt sind nur Naturformen, geordnet nach Verwandtschaftsgraden. So finden Sie z. B. von einer Gattung mehrere Untergattungen oder Sektionen (→ Seite 17), in denen nah verwandte Arten mit ähnlichen Ansprüchen zusammengefasst sind.
- Zwei Beispiele: Unter »*Phalaenopsis* und Verwandte« sind verschiedene *Phalaenopsis*-Sektionen vorgestellt, aber auch die nah verwandte Gattung *Doritis*. Unter der Rubrik »*Oncidium* und Verwandte« finden Sie neben der Gattung *Oncidium* weitere Gattungen wie *Brassia* oder *Odontoglossum*, die in Ansprüchen und Kultur *Oncidium* gleichen.
- Neben Angaben zu Blüte und Wuchs sowie zu Standort und Kultur finden Sie bekannte Arten und Informationen über Hybriden am Schluss des Steckbriefs aufgelistet. Ein typischer Vertreter jeder Gattung, Untergattung oder Sektion ist jeweils im Bild porträtiert.

Wichtig: der exakte Name

Suchen Sie für Ihre neue Orchideen-Hybride nach Informationen zur Kultur, ist es wichtig, dass Sie den exakten Namen kennen. Denn aus diesem Hybridnamen können Sie schließen, von welchen Eltern die Pflanze abstammt. So stammt *Odontonia* von *Odontoglossum* und *Miltoniopsis* (früher *Miltonia*) ab, hat also ähnliche Ansprüche wie diese. Informationen finden Sie in diesem Fall bei der Gattung *Odontoglossum* und *Miltoniopsis* im Kapitel »*Oncidium* und Verwandte«.

Die gängigsten Gattungs-Hybriden finden Sie in der Tabelle auf Seite 120/121. Dort sind die Eltern-Gattungen angegeben, aus denen sie gekreuzt wurden.

- Ist eine Ihrer Orchideen-Hybriden in dieser Liste nicht aufgeführt, ist die Webseite der Royal Horticultural Society (RHS) eine sehr nützliche Hilfe. Hier finden Sie fast alle Namen von Hybriden und deren Eltern aufgelistet, die im Handel sind (→ Seite 126). Schwieriger ist es, wenn eine Hybride einen Handelsnamen trägt (→ Seite 17). Dann können Sie meist nur über den Züchter direkt erfahren, von welchen Eltern Ihre Orchidee abstammt.

Großblütige Frauenschuh-Orchideen sind wahre Schmuckstücke. Sie wurden v. a. aus der Untergattung Paphiopedilum *gezüchtet.*

Cattleya und Verwandte

Mit ihren typischen großen Blüten sind Cattleyen und ihre Verwandten zum Inbegriff für Orchideen geworden. Heute lassen sich bis zu neun Arten in einer Kreuzung miteinander vereinigen.

Die Gattung *Cattleya* besteht aus ca. 60 Arten und hat ihren Namen von dem englischen Pflanzensammler und Gärtner William Cattley. Sie kam auf kuriosem Weg nach Europa: William Cattley erhielt im Jahr 1823 eine Sendung mit Pflanzen aus Brasilien. Diese waren in einer Kiste verpackt, die zur Isolierung mit Bulben der damals noch unbekannten *Cattleya* ausgepolstert war. Neugierig topfte Mr. Cattley diese Bulben ein und brachte sie innerhalb eines halben Jahrs zur Blüte. Der Botaniker John Lindley, der damals für Cattley arbeitete, beschrieb die Pflanze schließlich und nannte sie ihm zu Ehren *Cattleya labiata* (labium = Lippe).

Cattleya-*Hybriden sind heute relativ klein, sehr farbenfroh und länger haltbar als früher.*

Im 19. Jh. waren die großen *Cattleya*-Orchideen sehr beliebt. Englische Adlige steckten sich bei Bällen gerne die großen tropischen Blüten ans Revers. Heute werden aus verschiedenen *Cattleya*-Arten oder *Cattleya* und anderen Gattungen gezielt Minicattleya gekreuzt. *Cattleya* blühen nur vier bis acht Wochen, sind aber wegen ihrer großen Blüten sehr beliebt: Sie sind in vielen Farben wie Gelb, Rosa und Weiß sowie in attraktiven Farbkombinationen wie weiß-rot oder gelb-orange erhältlich. Anders als bei ihren Vorfahren halten die Blüten nicht nur länger, sondern die Pflanzen sind kleinwüchsig und damit für moderne Wohnungen geeignet.
Nah verwandt ist die Gattung *Laelia*, die ca. 60 Arten umfasst. Sie unterscheidet sich von *Cattleya* v. a. dadurch, dass sie acht anstatt vier Pollenpakete besitzt. Die wichtigste Gattung der *Cattleya*-Verwandschaft ist – in Hinblick auf die Mini-Züchtungen – *Sophronitis*. Durch die Einkreuzung dieser Art sind sehr viele kleinwüchsige Pflanzen entstanden, die aber trotzdem mit relativ großen Blüten, hauptsächlich in Rot, brillieren. Die Hybriden sind meist an den leicht gewundenen Blättern und den schwarzen Mittelstreifen im Blatt zu erkennen.
Gemeinsam ist den meisten *Cattleya*-Hybriden, dass sie alle temperiert bis warm kultiviert werden möchten und keine ausgeprägte oder nur eine leichte Ruhezeit brauchen.

hell, nicht sonnig | halbschattig | schattig | warm | temperiert-warm

Einblättrige
(Unifoliate)

HÖHE: 30– 60 cm
BREITE: 30–50 cm
BLÜTEZEIT: März–Juni, selten auch Oktober–Dezember

große Blüten und oft duftend

Herkunft: Südamerika
Blüte: sehr große, eindrucksvolle, aber zarte Blüten, mit in Farbe und Form hervorstehender Lippe, endständig; blüht ca. sechs Wochen
Wuchs: Epiphyt; wüchsig; lange, schlanke Bulben; meist nur ein, selten zwei sehr feste, ledrige, endständige Blätter; große Pflanzen mit vielen Neutrieben, die alle auf einmal blühen
Kultur: sonnig; am Tag über 18–20 °C, nachts 14–16 °C; Topfkultur: große Pflanzen brauchen gute Dränage, Korb- und Blockkultur: hohe Luftfeuchtigkeit wichtig; keine ausgeprägte Ruhephase, im Winter sparsam, aber regelmäßig gießen; verblühte Rispe zurückschneiden; Sommerquartier möglich
Bekannte Arten: *Cattleya dowiana*: gelb/rot, *C. labiata*: rosa/rot, *C. luteola* (→ Abb.): gelb, *C. maxima*: rosa, *C. mossiae*: rosa/rot, *C. warneri*: rosa/rot
Hybriden: statt der großen Arten werden heute vor allem kleinwüchsige und bunte Hybriden gezüchtet

Mehrblättrige
(Bifoliate)

HÖHE: 15–100 cm
BREITE: 20–40 cm
BLÜTEZEIT: September–März

leuchtend bunt und wüchsig

Herkunft: Südamerika
Blüte: sehr farbenfroh, meist drei bis sechs endständige Blüten; wachsartig; blühen länger als die Einblättrigen
Wuchs: Epiphyt; meist sehr hohe, schlanke Bulben mit zwei bis drei ledrigen, seitlich abstehenden Blättern; große Pflanzen mit vielen Neutrieben, die alle auf einmal blühen
Kultur: Kultur wie bei den Einblättrigen (→ links), aber leichte Ruhephase mit etwas niedrigeren Temperaturen und weniger Wasser
Bekannte Arten: *Cattleya aclandiae*: gelb-braun gepunktet, rosa Lippe, *C. bicolor*: grünlich oder braun, rote Lippe, *C. forbesii*: grünlich oder braun, weiße Lippe, *C. harrisoniana*: rosarot, *C. intermedia*: rosa, rote Lippe, *C. walkeriana* (→ Abb.): rosarot, der Mini unter den Bifoliaten
Hybriden: kleinwüchsige Arten wie *C. walkeriana*, *C. intermedia* und *C. aclandiae* sind oft eingekreuzt, um Farbenvielfalt und Kleinwüchsigkeit zu vereinen

Encyclia
(syn. Epidendrum)

HÖHE: 25–40 cm
BREITE: 10–30 cm
BLÜTEZEIT: Mai–Oktober

sehr wüchsig und blühfreudig

Herkunft: Südamerika
Blüte: sehr große Formen- und Farbenvielfalt; Lippe zeigt bei manchen Arten nach oben
Wuchs: Epiphyt; wüchsig; kleine, feste Bulben, teilweise fast rundlich; ein bis zwei feste Blätter, endständig, fast senkrecht, oft ein leicht grauer Belag auf den Blättern
Kultur: hell bis sonnig; am Tag 18–20 °C, nachts 12–16 °C; Topf-, Korb- und Blockkultur möglich; *Encyclia citrina* mit den Blättern nach unten aufbinden; im Frühjahr mit beginnendem Wuchs kräftig gießen und düngen; im Neutrieb darf kein Wasser stehen bleiben; keine ausgeprägte Ruhephase, im Winter weniger, aber nicht seltener gießen; verblühte Rispe zurückschneiden; Sommerquartier möglich
Bekannte Arten: *Encyclia cochleata*: grün-schwarz, *E. fragrans* (→ Abb.): weiß-grünlich, *E. lancifolia*: grün-schwarz, duftend, *E. vittelina*: orange
Hybriden: meist nur innerhalb der Gattung, wenige mit *Cattleya*

Laelia Sektion Cattleyodes

HÖHE: 50–60 cm
BREITE: 40–60 cm
BLÜTEZEIT: September–Dezember

extreme Farbenvielfalt

Herkunft: Südamerika
Blüte: sehr farbintensiv, extreme Farbenvielfalt auch innerhalb einer Art, große Lippe, Schlund mit Zeichnung, drei bis sechs Blüten an einer Rispe
Wuchs: Epiphyt; groß, mit vielen Neutrieben, blühen alle auf einmal
Kultur: viel Licht; am Tag über 18–20 °C, nachts 14–16 °C, auch 10–12 °C sind möglich; wachsen und blühen sehr leicht; Topfkultur: große Pflanzen in Schalen, gute Dränage, Korb- und Blockkultur: wegen der Größe schwierig, nur bei hoher Luftfeuchtigkeit, da die großen Pflanzen sonst nicht genug Wasser bekommen; keine ausgeprägte Ruhephase, im Winter sparsam, aber regelmäßig gießen; nach der Blüte bis zum Blatt zurückschneiden; Sommerquartier möglich
Bekannte Arten: *Laelia anceps* (→ Abb.): rosa/weiß, *L. purpurata*: rosa/weiß, *L. tenebrosa*: braun/rot
Hybriden: wurden aufgrund der Laubgröße selten eingekreuzt und sind deshalb auch selten im Handel

Laelia Sektion Hadrolaelia

HÖHE: 10–15 cm
BREITE: 10–15 cm
BLÜTEZEIT: September–Dezember

sehr große Blüten

Herkunft: Südamerika
Blüte: im Verhältnis zur Größe der Pflanze sehr große Blüten; samtig, dunkle Lippe, Blütenblätter meist nach hinten umgeschlagen
Wuchs: Epiphyt; kleinwüchsig; sehr feste Bulben mit je einem starren Blatt, aus denen endständig ein bis zwei Blüten entspringen
Kultur: etwas anspruchsvoll; am Tag 18–20 °C, nachts 14–16 °C; Topf- und Korbkultur möglich, für Blockkultur mit Sandwichmethode sehr gut geeignet; keine ausgeprägte Ruhephase, im Winter weniger, aber nicht seltener gießen; übers Jahr mäßig mit Regenwasser gießen, nicht tauchen, aber nie ganz trocknen lassen; hohe Luftfeuchtigkeit, mäßig düngen; verblühte Rispe bis zum Blatt zurückschneiden; Sommerquartier möglich
Bekannte Arten: *Laelia dayana*: rosarot, *L. pumila* (→ Abb.): rosarot, *L. praestans*: rosarot
Hybriden: *L. pumila* wurde oft wegen der sehr großen Blüten eingekreuzt

Laelia Sektion Parviflorae (Steinlaelia)

HÖHE: 5–15 cm
BREITE: 5–10 cm
BLÜTEZEIT: September–Dezember

runde Blüten in kräftigen Farben

Herkunft: Südamerika
Blüte: sehr kräftige Farben, rund bis sternförmig, samtig; endständig; mehrere kleine Blüten in Büscheln
Wuchs: Lithophyt, also auf Steinen wachsend; kleinwüchsig; kleine feste Bulben, die sehr nah aneinander sitzen; aufrechter, langer Blütenstiel
Kultur: sonnig; am Tag über 18–20 °C, nachts 12–14 °C; Topfkultur: steiniges Substrat (Seramis, Bims o. Ä. mit wenig organischem Material), für Block- oder Korbkultur nicht gut geeignet; mäßig mit Regenwasser gießen, nicht tauchen, aber nie ganz austrocknen lassen; hohe Luftfeuchtigkeit, mäßig düngen; keine ausgeprägte Ruhephase, im Winter deutlich weniger, aber nicht seltener gießen; verblühte Rispe bis zum Blatt zurückschneiden; Sommerquartier möglich
Bekannte Arten: *Laelia briegeri*: gelb, *L. milleri*: rot, *L. reginae* (→ Abb.): weiß/gelb
Hybriden: *Steinlaelia* wurde oft wegen des sehr kleinen Wuchses eingekreuzt

hell, nicht sonnig · halbschattig · schattig · warm · temperiert-warm

Sophronitis

HÖHE: 5–10 cm
BREITE: 5–10 cm
BLÜTEZEIT: Oktober–Dezember

runde Blüten in reinem Rot

Herkunft: Südamerika
Blüte: *Sophronitis coccinea* hat ein bis drei sehr große, fast runde, rote Blüten, *S. cernua* ist deutlich kleiner, aber mehrblütig
Wuchs: Epiphyt; kleinwüchsig; kleine schlanke Bulben, meist mit einem Blatt, vieltriebig, polsterbildend
Kultur: schattig; am Tag 18–20 °C, nachts 12–14 °C; geeignet für Topfkultur sowie Blockkultur mit der Sandwichmethode; viel Frischluft und hohe Luftfeuchtigkeit, nie austrocknen lassen, aber nicht zu nass halten; mit Regenwasser gießen, wenig düngen; keine ausgeprägte Ruhephase, im Winter weniger, nicht seltener gießen; verblühte Rispe zurückschneiden; im Sommer im Freien, aber im Schatten
Bekannte Arten: *Sophronitis brevipedunculata*: orangerot, *S. cernua*: rot, lila Zentrum, *S. coccinea* (→ Abb.): rot
Hybriden: *S. coccinea* ist in fast alle kleinwüchsigen *Cattleya*-Hybriden eingekreuzt – zu erkennen an den leicht in sich gedrehten Blättern

WEITERE VERWANDTE

Name	Kurzinfo	Blüte/Wuchs	Bemerkung
Barkeria		sternförmige Blüten mit großer, flacher Lippe, meist rosa-rot; Wuchs spindelförmig, aufrecht	blühwillig; muss angebunden werden; braucht hohe Luftfeuchte; wächst auch aufgebunden sehr gut
Brassavola		große, gefranste Blüten, meist grünweiß, auffällige Lippe oder kleine Blüten; Wuchs *Cattleya*-artig	wüchsig; lockeres Substrat, rundblättrige Arten wachsen sehr gut in Blockkultur
Broughtonia		viele fast runde, kräftig gefärbte, meist rote Blüten; klein, Wuchs *Cattleya*-artig	wüchsig; anders gefärbte Säule; Hybriden meist kleinwüchsig
Diacrium syn. Caularthron		Rispe mit weißen Blüten, leicht gepunktete Lippe; Wuchs wie *Cattleya* und *Epidendrum*	nur wenige Hybriden bekannt
Domingoa		viele kleine, bräunliche Blüten; kleinwüchsig, vieltriebig, ein Blatt pro Bulbe	für Vitrinen geeignet; wächst auch aufgebunden; keine Hybriden
Epidendrum		endständige Blütendolde, meist rot oder gelb; aufrechter Wuchs, meist sehr hoch	sehr wüchsig, blühfreudig; bildet Kindel
Leptotes		Blüten sternförmig, weiß mit roter Lippe; runde, stielartige, sukkulente Blätter	vielblütig; wächst sehr gut aufgebunden; verträgt trockene Tage
Schomburgkia		Blüten in extrem ausgefallenen Farben; sehr hohe Rispe, *Cattleya*-artiger Wuchs	wegen der Größe nur für Wintergarten oder einen hellen Flur geeignet

temperiert-kühl kühl Ruhephase monopodial sympodial

Dendrobium

Mehr als 1200 Arten gehören zu dieser Gattung, die epiphytisch wächst und aus dem asiatischen und australischen Raum kommt. Alle bestechen durch ihre farbenprächtigen, oft hübsch gezeichneten Blüten.

Was ihren Wuchs angeht, ist *Dendrobium* mit Sicherheit eine der variabelsten Orchideengattungen. Allein die Pflanzengröße schwankt von wenigen Millimetern bis zu über 2 m Höhe. Doch alle haben schlanke bis fleischig verdickte Bulben. Allen ähnlich ist auch der besonders dünne Übergang von der Wurzel zur Bulbe, so dass die Pflanzen oft angebunden werden müssen, damit sie nicht kippen. Typisch für ihre Blüten ist eine nach hinten zeigende Ausstülpung, der so genannte Sporn. Die Blüten stehen nie endständig, doch erscheinen sie oft so nah der Spitze der Blütenrispe, dass man sie auf den ersten Blick als endständig bezeichnen könnte.

Dendrobium-biggibum-, D.-nobile- *und* D.-phalaenopsis-*Hybriden (von links nach rechts) tragen alle gespornte Blüten.*

Gemeinsam ist allen *Dendrobium* und ihren Verwandten, dass sie einen im Verhältnis zur Pflanze relativ kleinen Topf bevorzugen, so dass das Substrat schnell austrocknet. Entsprechend regelmäßig müssen sie gegossen werden. Sie lieben Frischluft, die dass Laub rasch abtrocknen lässt. Trotzdem brauchen sie viel Luftfeuchte, weil die Pflanzen sonst anfällig gegen Rote Spinne sind.
Ansonsten sind Dendrobien in ihren Ansprüchen aber relativ unterschiedlich. Lassen Sie sich deshalb am besten gleich beim Kauf beraten und bewahren Sie das Schild mit dem korrekten Namen auf.
Manche Dendrobien brauchen keine Ruhephase, andere wollen eine ausgeprägte Ruhezeit, in der sie sogar ihre Blätter abwerfen und erst dann aus den fast trocken aussehenden Bulben blühen. Tagsüber mögen es Dendrobien zwar eher temperiert bis warm, nachts halten sie aber auch niedrige Temperaturen aus. Sie sind deshalb nicht nur für die Fensterbank, sondern auch für Wintergärten mit hohen Temperaturunterschieden geeignet.
Im Handel sind drei Hybriden-Gruppen gängig, die nach Arten ihrer Sektion bezeichnet werden: Nobile-Hybriden, nach einem japanischen Züchter dieser Gruppe auch als Yamamoto-Hybriden bekannt (Sektion *Dendrobium*); Phalaenopsis-Hybriden (Sektion *Phalaenanthe*), und die relativ seltenen Formosanum-Hybriden (Sektion *Formosae*).

 hell, nicht sonnig | halbschattig | schattig | warm | temperiert-warm

Dendrobium
Sektion Callista

HÖHE: 30–60 cm
BREITE: 30–60 cm
BLÜTEZEIT: März–Juni

gelbe Blütentrauben

Herkunft: Südostasien
Blüte: meist hängende Blütenrispen; weiß und/oder gelb mit gelber oder gelb-oranger Lippe; blüht zum Teil nur zwei Wochen
Wuchs: Epiphyt; aufrechte, fleischige Bulben, zwei bis drei endständige, ledrige Blätter
Kultur: halbschattig; am Tag besser über 16–18 °C, nachts 14–16 °C; Topf-, Korb- oder Blockkultur möglich; regelmäßig gießen, während der Blüte und der warmen Jahreszeit mehr gießen; zwei Monate Ruhephase, z. B. Dezember und Januar tagsüber bei 12–16°C und nachts bei 10–14 °C, dann fast ganz trocken halten; verblühte Rispe bis zur Bulbe zurückschneiden; von Mitte Mai bis September im Freien
Bekannte Arten: *Dendrobium chrysotoxum*, *D. densiflorum*, *D. farmeri*, *D. griffithianum*: alle gelb, *D. palpebrae*: weiß/gelb, *D. thyrsiflorum* (→ Abb.): weiß/orange
Hybriden: nur wenige Primärhybriden bekannt, sie brauchen keine so ausgeprägte Ruhephase

Dendrobium
Sektion Dendrobium

HÖHE: 20–60 cm
BREITE: 10–30 cm
BLÜTEZEIT: März–Juni

Blüte mit dunklem Auge

Herkunft: Südostasien
Blüte: sehr farbenprächtig, entspringen büschelweise aus der ein Jahr alten, teils nicht mehr beblätterten Bulbe; Blühdauer 8–12 Wochen
Wuchs: Epiphyt; sehr wüchsig; lange, fleischige Bulben, die aufrecht angebunden werden oder herunterhängen; bildet gern Kindel
Kultur: halbschattig; am Tag besser wärmer als 16–18 °C, nachts 12–16 °C; Topf-, Korb- oder Blockkultur möglich; unbedingt Ruhephase einhalten, November bis Januar tagsüber 12–16°C, nachts 10–14 °C, trocken halten; Ruhephase erst einleiten, wenn Neutriebe ganz ausgewachsen sind (meist im Oktober); Verblühtes an der Bulbe abschneiden; Mai bis Oktober im Freien, bei Regen und kühlen Temperaturen ins Haus holen
Bekannte Arten: *Dendrobium loddigesii*: rosa/bunt, *D. nobile* (→ Abb.): rosa/bunt, *D. unicum*: orange
Hybriden: bekannt als Nobile-Hybriden; werden nicht mehr so hoch wie frühere Hybriden

Dendrobium
Sektion Dendrocoryne

HÖHE: 20–100 cm
BREITE: 10–50 cm
BLÜTEZEIT: Oktober–April

vielblütig und wüchsig

Herkunft: Ostaustralien
Blüte: endständige Rispen mit mehreren aufgereihten Blüten, meist einfarbig; nach Ruhephase sehr blühfreudig
Wuchs: Epiphyt; sehr wüchsig, *D. kingianum* ist relativ klein, dünn und viel-triebig, *D. speciosum* ist sehr fleischig; zwei bis vier Blätter, sitzen endständig; bilden gern Kindel
Kultur: halbschattig, am Tag 16–18 °C, nachts 14–16 °C, für Topf-, Korb- und Blockkultur geeignet; regelmäßig gießen, nur während der Blüte und der warmen Jahreszeit mehr gießen; zwei Monate Ruhephase, z. B. Dezember und Januar, tags 12–16°C, nachts 10–14 °C, dann fast ganz trocken halten; verblühte Rispen bis an die Bulbe zurückschneiden; unbedingt von Mai bis Oktober im Freien halten
Bekannte Arten: *Dendrobium x delicatum* (Naturhybride): weiß, *D. kingianum* (→ Abb.): rosa, *D. speciosum:* beige, *D. tetragonum*: braun,
Hybriden: neue Züchtungen mit weiß/rosa gemusterten Blüten, meist sternförmig

Dendrobium
Sektion Formosae

HÖHE: 10–50 cm
BREITE: 10–20 cm
BLÜTEZEIT: September–April

große Blüten, lange Blütezeit

Herkunft: Südostasien
Blüte: wenige zarte, meist recht große Blüten, meist weiß mit orangem Schlund; lange Blühdauer: bis zu vier Monate
Wuchs: Epiphyt; dünne, meist hohe Bulben mit feiner schwarzer Behaarung; Blätter werden meist nicht älter als zwei Jahre; es gibt kleinwüchsige Arten, z. B. *Dendrobium bellatulum*
Kultur: halbschattig; am Tag über 16–18 °C, nachts 12–16 °C; für Korb-, Topf- und Blockkultur geeignet; gleichmäßig gießen, kurzfristige Trockenzeiten sind kein Problem; Dünger nie zu hoch dosieren; keine ausgeprägte Ruhephase, im Winter weniger, aber nicht seltener gießen; verblühte Rispen eng an der Bulbe abschneiden; Mitte Mai bis September im Freien
Bekannte Arten: *Dendrobium bellatulum*(→ Abb.), *D. cruentum, D. draconis*: weiß/orange, *D. infundibulum, D. wattii*: weiß
Hybriden: neue kleinwüchsige Kreuzungen mit großen Blüten

Dendrobium
Sektion Latouria

HÖHE: 30–80 cm
BREITE: 20–40 cm
BLÜTEZEIT: September–April

verdrehte, bunte Blüten

Herkunft: Neuguinea, Australien
Blüte: sehr bizarre, farbige Blüten, teils schon als Knospe ungewöhnlich geformt; Rispen tragen mehrere Blüten, die teils auf der Rückseite der Blütenblätter gezeichnet sind
Wuchs: Epiphyt; buschige, sehr kräftige Pflanzen, langsam wachsend; mittig verdickte, aufrechte Bulben, zwei bis drei endständige ledrige Blätter
Kultur: halbschattig; am Tag besser über 18–20 °C, nachts 16–18 °C; für Topf-, Korb- oder Blockkultur geeignet; regelmäßig gießen, während der Blüte und der warmen Jahreszeit vertragen die Pflanzen mehr Wasser; keine Ruhephase, im Winter weniger, aber nicht seltener gießen; Verblühtes bis zur Bulbe zurückschneiden; Mai bis September gerne im Freien
Bekannte Arten: *Dendrobium atroviolaceum*: weiß/lila, *D. finistrae*: weiß, *D. macrophyllum, D. spectabile* (→ Abb.): bunt
Hybriden: wenige bekannt

Dendrobium
Sektion Oxyglossum

HÖHE: 5–10 cm
BREITE: 2–4 cm
BLÜTEZEIT: Februar–September

riesige Blüten in grellen Farben

Herkunft: Neuguinea, Indonesien
Blüte: grelle Farben, im Verhältnis zur Pflanze riesige Blüten; bei guter Kultur sehr vielblütig
Wuchs: Epiphyt; kleinwüchsig, büschelartig, vieltriebig, mit zwei bis drei endständigen rauen Blättern
Kultur: sonnig oder halbschattig; am Tag 18–20 °C, nachts 16–18 °C; Topf- oder Korbkultur möglich, Blockkultur nur mit Sandwichmethode; viel Frischluft, trotzdem hohe Luftfeuchtigkeit; am besten mit Regenwasser gießen, wenig Dünger; keine Ruhephase, im Winter weniger, aber nicht seltener gießen; Verblühtes bis zur Bulbe zurückschneiden; von Mitte Mai bis Anfang September im Freien
Bekannte Arten: *Dendrobium cuthbertsonii* (→ Abb.): ein- bis zweifarbig, alle Farben außer Blau, *D. vexillarius*: rosa/orange, *D. violaceum*: rosa/lila
Hybriden: es gibt nicht viele Primärhybriden, diese sind aber deutlich wüchsiger und blühwilliger als die Arten

Dendrobium
Sektion Pedilonum

HÖHE: 5–60 cm
BREITE: 2–20 cm
BLÜTEZEIT: März–August

Blütentrauben in kräftigen Farben

Herkunft: Südostasien
Blüte: viele kleine Blüten, Einzelblüte unscheinbar, ihre Schönheit zeigt sich erst in der Blütentraube; die Rispe entspringt mitten aus dem Stamm
Wuchs: Epiphyt; lange, schlanke Bulben; die Blätter werden meistens vor der Blüte abgeworfen
Kultur: halbschattig; am Tag besser über 16–18 °C, nachts 12–16 °C; für Topf-, Korb- oder Blockkultur geeignet, Aufbinden empfiehlt sich, wenn die Kulturmöglichkeiten vorhanden sind; da der Topf für die Pflanze meist klein ist, muss öfter, aber nicht mehr gegossen werden als bei größeren Pflanzen; keine Ruhephase; Verblühtes an der Bulbe abschneiden; Mitte Mai bis Anfang September im Freien
Bekannte Arten: *Dendrobium amethystoglossum*: weiß/rosa, *D. miyakei*: rot-violett, *D. secundum*: rot, *D. victoria-reginae* (→ Abb.): blau bis bläulichpink
Hybriden: es gibt nur wenige Hybriden, z. B. mit *D. victoria-reginae*, die große blaue Blüten vererbt

Dendrobium
Sektion Phalaenanthe

HÖHE: 20–60 cm
BREITE: 20–30 cm
BLÜTEZEIT: Januar–Dezember

Rispen mit vielen Blüten

Herkunft: Südostasien
Blüte: großblütig, mehrblütige Blütenrispen, endständig auf den Bulben; kommt leicht zur Blüte
Wuchs: Epiphyt; wüchsig; kräftige, fleischige Bulben mit wechselständigen Blättern
Kultur: halbschattig; am Tag 18–20 °C, nachts 14–16 °C; für Topf-, Korb- und Blockkultur geeignet; ganzjährig warm kultivieren; keine Ruhephase, im Winter weniger, aber nicht seltener gießen; Verblühtes direkt an der Bulbe zurückschneiden; Sommerquartier im Freien möglich, aber nicht empfehlenswert
Bekannte Arten: *Dendrobium biggibum* (→ Abb.): rosa oder weiß oder gestreift, kleinwüchsig, *D. phalaenopsis*: rosa oder weiß oder gestreift, *D. williamsianum*: rosa/blau
Hybriden: es gibt sehr viele Hybriden, bekannt als *Dendrobium-phalaenopsis*-Hybriden, in rosa und weiß, gefleckt, gestreift usw.; so genannte *Biggibum*-Hybriden sind ähnlich, nur kleinwüchsig

Dendrobium
Sektion Spatulatha

HÖHE: 30–150 cm
BREITE: 20–40 cm
BLÜTEZEIT: März–August

verdrehte Blütenblätter

Herkunft: Südostasien
Blüte: aufrechte, verdrehte Sepalen, deshalb auch Antilopen-Orchidee genannt; Rispen mit mehreren Blüten, mehrrispig
Wuchs: Epiphyt; wüchsig; hellgrüne, sehr knackige, fast glasige Blätter, die leicht abbrechen können
Kultur: sonnig; am Tag besser über 16–18 °C, nachts 14–16 °C; nur für Topfkultur geeignet; sehr viel Frischluft und Helligkeit sind wichtig, Wärme ist sehr gut, können aber auch etwas kühler kultiviert werden; keine Ruhephase; Verblühtes direkt an der Bulbe zurückschneiden; von Mitte Mai bis Anfang September im Freien
Bekannte Arten: *Dendrobium antennatum* (→ Abb.): weiß/grün, *D. canaliculatum*: weiß/gelb, *D. minax*: grün/weiß, *D. lasianthera*: lila
Hybriden: bekannt sind Kreuzungen mit der Sektion *Phalaenanthe*, die leicht an den gedrehten Sepalen zu erkennen sind; diese werden wie die Sektionen kultiviert

Oncidium und Verwandte

Oncidien und ihre Verwandten stammen alle aus Südamerika und zeichnen sich durch sehr abwechslungsreiche, bunte und bizarre Blüten aus. Besonders gut entwickeln sie sich, wenn sie im Sommer im Freien stehen.

Oncidien und deren Verwandte kommen hauptsächlich aus den Nebelwäldern und Berghängen Südamerikas. Dort werden sie aufgrund der vielen gelben Blüten »Lluvia de Oro« genannt, was so viel wie Goldregen bedeutet. Sie sind in ihrer Heimat auch an kühle Temperaturen gewöhnt, und deshalb sind sie bei uns als Kalthausorchideen bekannt. Doch die meisten Hybriden sind auch sehr gut in einer normal geheizten Wohnung zu kultivieren, wenn man ihnen eine kleine Ruhephase gönnt. Diese Ruhephasen führt man am einfachsten im Sommerquartier im Garten durch. Die Pflanzen genießen es, tagsüber relativ warm und schattig zu stehen und in der Nacht kühl. Doch darf man nicht vergessen zu gießen, vor allem dann nicht, wenn ein trockener, warmer Wind weht. Hat man keine Möglichkeit, die Pflanzen im Sommer ins Freie zu stellen, empfiehlt es sich, die Orchideen nach der Blüte zwei Monate in einen kühleren Raum zu stellen. Geeignet für diese Ruhephase sind die dunklen Monate von November bis Februar. Nach der Ruhephase gießt man wieder mehr, und nach kurzer Zeit erscheint der Neutrieb. Den Rest des Jahres mögen es Oncidien tagsüber warm – ohne Spitzentemperaturen –, nachts brauchen sie eine deutliche Temperaturabsenkung. Ein Wintergarten, in dem es tagsüber nicht zu warm wird und in dem nachts die erforderlichen Mindesttemperaturen herrschen, eignet sich für diese Orchideen-Gruppe besonders gut. Das Substrat sollte ständig feucht sein und darf auf keinen Fall austrocknen.

Oncidien sind durch die meist langen Blätter und die kräftigen Bulben einfach zu erkennen. Die Blüten sind sehr variationsreich, bunt und bizarr geformt. Die Kreuzungsmöglichkeiten dieser Gruppe sind erstaunlich hoch, sodass die Farben- und Formenvielfalt noch lange nicht ausgereizt ist. Die Gattung *Oncidium* ist, obwohl einige Gruppen wie *Psychopsis* und *Tolumnia* zu eigenen Gattungen erklärt wurden, mit ca. 500 Naturformen eine der artenreichsten.

Viele Blüten und prächtige Farben zeichnen die Oncidium-*Hybriden aus:* Odontocidium, Burragearea *und* Odontonia.

Oncidium

HÖHE: 2–100 cm und mehr
BREITE: 2–100 cm
BLÜTEZEIT: September–Mai

vielblütig und gelb

Herkunft: Südamerika
Blüte: blühfreudig; häufig große, gelbe Lippe; meist vielblütig
Wuchs: Epiphyt; wüchsig; kleine bis kräftige Bulben mit endständigen Blättern; häufig kletternder Wuchs; stark gefurchte Bulben sind normal
Kultur: sonnig bis halbschattig; am Tag besser über 16–18 °C, nachts 10–12 °C, bis 8 °C möglich, im Sommer tagsüber so kühl wie möglich; Topf-, Korb- und Blockkultur möglich, Blockkultur ist für Kleinwüchsige optimal; jährlich umtopfen, da die Luftwurzeln im Topf nicht gut wachsen; Ruhephase von November bis Januar, deutlich kühler, am Tag aber warm, deutlich weniger bis gar nicht gießen; verblühte Rispe im grünen Zustand bis in die Blattachsel zurückschneiden; Anfang Mai bis Mitte Oktober im Freien
Bekannte Arten: *Oncidium forbesii*: braun, *O. mantense* (→ Abb.): gelb, *O. ornithorhynchum*: lila, *O. sphacelatum*: gelb, *O. varicosum*: gelb/schwarz
Hybriden: sehr oft mit *Odontoglossum* oder *Miltoniopsis* gekreuzt

Brassia

HÖHE: 30–60 cm
BREITE: 30–40 cm
BLÜTEZEIT: Februar–August

spinnenförmige Blüte

Herkunft: Südamerika
Blüte: Sepalen und Petalen sind teils sehr lang ausgezogen; Rispen mit vielen Blüten; nicht zu verwechseln mit *Brassavola*
Wuchs: Epiphyt; sehr wüchsig, aber nicht immer blühfreudig; flache Bulben umhüllt von weichen, langen Blättern; kletternder Wuchs
Kultur: halbschattig; am Tag 18–20 °C, nachts 14–16 °C; Topf- oder Korbkultur; wachsen immer gut; keine ausgeprägte Ruhephase, im Winter deutlich weniger, aber nicht seltener gießen; verblühte Rispen bis zum Hüllblatt zurückschneiden; Mitte Mai bis Mitte Oktober im Freien
Bekannte Arten: *Brassia angusta* (→ Abb.): weiß, *B. maculata, B. lawrenceana, B. longissima*: alle gelb/braun, *B. verrucosa*: grünlich/braun
Hybriden: die lang ausgezogenen Petalen und Sepalen vererben sich; bekannteste Hybride: *Brassia* Rex mit extrem großen Blüten; Gattungshybriden: *Aliceara, Beallara, Degarmoara, Miltassia* u. a.

Miltoniopsis (syn. Miltonia)

HÖHE: 30–50 cm
BREITE: 20–30 cm
BLÜTEZEIT: September–April

Stiefmütterchen-ähnliche Blüte

Herkunft: Südamerika
Blüte: sehr große, samtige Blüten mit dunklem Auge in der Mitte, gleicht einem Stiefmütterchen; mehrblütig.
Wuchs: Epiphyt; Bulben beblättert und umhüllt; Rispe wächst aus der Bulbenbasis
Kultur: halbschattig; am Tag besser über 16–18 °C, nachts 10–12 °C, im Sommer tagsüber so kühl wie möglich; nur Topfkultur; gleichmäßige Temperatur und Feuchtigkeit sind wichtig; im Winter Ruhephase von zwei Monaten, etwas kühler stellen, deutlich weniger, aber nicht seltener gießen; verblühe Rispen bis auf das Hüllblatt zurückschneiden; Mitte Mai bis Mitte Oktober im Freien
Bekannte Arten: *Miltoniopsis vexillaria*: rosa, *M. roezlii* (→ Abb.): weiß/gelb/braun, *M. phalaenopsis*: weiß/lila
Hybriden: innerhalb der Gattung sehr attraktive Hybriden, aber auch einige Gattungshybriden, z. B. mit *Brassia* (*Miltassia*), *Odontoglossum* (*Odontonia*), Mehrgattungshybriden: *Burrageara, Vuylstekeara*

temperiert-kühl · kühl · Ruhephase · monopodial · sympodial

Odontoglossum

HÖHE: 30–70 cm
BREITE: 30–40 cm
BLÜTEZEIT: August–Mai

gewellte Blütenblätter

Herkunft: Südamerika
Blüte: sehr große, bunte Blüten, klar abgegrenzte Farben, vielblütig; meist große, aufrechte Rispe, teils verzweigt
Wuchs: Epiphyt; Bulben beblättert und umhüllt; Rispe wächst aus der Bulbenbasis
Kultur: halbschattig; am Tag möglichst wärmer als 16–18 °C, nachts 10–12 °C, im Sommer tagsüber so kühl wie möglich; Topf- oder Korbkultur, für Blockkultur zu groß; sehr gleichmäßige Temperaturen, aber Nachtabsenkung von mindestens 6 °C; im Winter mindestens zwei Monate Ruhezeit, weniger, aber nicht seltener gießen; verblühte Rispen bis an die Hüllblätter zurückschneiden; Mitte Mai bis Mitte Oktober im Freien
Bekannte Arten: *Odontoglossum bictoniense*: braun/grün, *O. crispum* weiß/braun, *O. harryanum*: bunt, *O. madrense* (→ Abb.): weiß/rot/gelb
Hybriden: Gattungshybriden: *Odontioda* (mit *Cochlioda*), *Odontonia* (mit Miltonia), *Burrageara*, *Odontorettia*, *Vuylstekeara*

Psychopsis
(syn. Oncidium)

HÖHE: 30–40 cm
BREITE: 30–40 cm
BLÜTEZEIT: Januar–Dezember

Revolverblüher

Herkunft: Südamerika
Blüte: große, attraktive, gewellte Lippe mit fadenförmigen, nach oben weisenden Petalen und Sepalen; sehr lange Rispe; Revolverblüher, d. h. eine Knospe öffnet sich nach der anderen, dadurch sehr lange Blütezeit
Wuchs: Epiphyt; ausgewachsene Pflanzen wachsen gut; sehr hartes, aufrecht stehendes, punktiertes Laub
Kultur: sonnig; am Tag 18–20 °C, nachts 14–16 °C; für Topf- oder Korbkultur geeignet; sehr trocken halten, aber nicht vertrocknen lassen; luftiges Substrat wählen, für möglichst hohe Temperaturunterschiede sorgen; keine Ruhephase; Rispe erst zurückschneiden, wenn wirklich keine Knospe mehr zu sehen ist, das kann länger als ein Jahr dauern; Sommerquartier im Freien nicht nötig
Bekannte Arten: *Psychopsis kramerianum, P. papilio*: beide gelb/orange, *P. sanderae* (→ Abb.): gelb/orange, *P. veerstegianum*: gelb/orange
Hybriden: nur Kreuzungen innerhalb der Gattung bekannt

Rossioglossum
(syn. Odontoglossum)

HÖHE: 30–40 cm
BREITE: 20–30 cm
BLÜTEZEIT: September–April

sehr große Blüten

Herkunft: Südamerika
Blüte: sehr große Blüten an kurzen Rispen, gelb mit braunen Tupfen
Wuchs: Epiphyt; sehr kräftige, endständig beblätterte Bulben; Rispen wachsen aus der Bulbenbasis heraus
Kultur: halbschattig; am Tag besser über 16–18 °C, nachts 10–12 °C, im Sommer tagsüber so kühl wie möglich; nur Topfkultur; in der Wachstumszeit (Frühjahr, Sommer) gut gießen und düngen, auf hohe Nachtabsenkung achten; im Winter Ruhephase von mindestens zwei Monaten, kühler stellen, aber nicht trocken werden lassen; verblühte Rispen bis auf das Hüllblatt zurückschneiden; Mai bis Mitte Oktober im Freien
Bekannte Arten: *Rossioglossum grande, R. williamsianum* (→ Abb.), *R. insleayi, R. splendens*: alle gelb mit braunen Flecken
Hybriden: nur innerhalb der Gattung, bekannt ist vor allem *Rossioglossum* Rawdon Jester, gekreuzt aus *R. williamsianum* x *R. grande*

hell, nicht sonnig · halbschattig · schattig · warm · temperiert-warm

Tolumnia (syn. Oncidium)
Handelsname: Variegate-Oncidium

HÖHE: 5–15 cm
BREITE: 5–15 cm
BLÜTEZEIT: März–Oktober

sehr bunte Blüten

Herkunft: Karibik-Inseln
Blüte: viele kleine, sehr bunte Blüten mit großer Lippe, dünner, langer Stiel
Wuchs: Epiphyt; kleinwüchsig; in sich geschachtelte, fast dreieckige Blätter; sehr kompakte Pflanzen
Kultur: halbschattig; am Tag 18–20 °C, nachts 14–16 °C; etwas anspruchsvoll; am besten in Blockkultur mit viel Luftfeuchtigkeit und frischer Luft, teilweise gedeihen sie aber auch im Topf sehr gut, dort brauchen sie feuchtes, aber nie nasses Substrat, besser wachsen sie aufgebunden; ideal für Vitrinen, Terrarium u. Ä.; keine Ruhephase; verblühte Rispen über einem Auge abschneiden, wenn sie nicht austreibt, Stängel an der Basis entfernen; verträgt kein Sommerquartier im Freien
Bekannte Arten: Naturformen kaum im Handel; *Tolumnia triquetrum*: bunt
Hybriden: *Variegate-Oncidium*-Hybriden (→ Abb.): bunt, fast nur Hybriden im Handel, meist innerhalb der Gattung, aber auch Kreuzungen mit *Rodriguezia* (*Rodricidium*), *Comparettia* (*Oncidettia*) und *Ionopsis* (*Ionocidium*)

WEITERE VERWANDTE

Name	Kurzinfo	Blüte/Wuchs	Bemerkung
Ada		Blüten glockenförmig, spitz auslaufend, sehr dicht sitzend; Wuchs wie *Odontoglossum*	Kultur wie *Odontoglossum*; Hybriden mit vielen orangefarbenen Blüten
Cochlioda		kurze Rispen mit mehreren roten oder rosafarbenen Blüten; Wuchs wie *Odontoglossum*	kleinwüchsig; Kultur wie *Odontoglossum*, aber kühler
Comparettia		lange Rispen mit grell gefärbten, relativ großen Blüten; sehr kleine Bulben	wachsen aufgebunden sehr leicht, viel Luftfeuchte; Hybriden mit *Tolumnia (Oncidettia)*
Gomesa		unscheinbar, aber in der Masse attraktiv; Wuchs wie *Odontoglossum*	wüchsig; Kultur wie *Odontoglossum*; Hybriden mit vielen Blüten und Rispen
Ionopsis		viele kleine weiße Blüten an langen Rispen; Wuchs wie *Comparettia*	kleinwüchsig; nur für größere Vitrinen geeignet; aufgebunden kultivieren
Leochilus		Wuchs wie *Comparettia*; mehrere kurze Rispen mit relativ unscheinbaren Blüten	kleinwüchsig; bekannteste Hybride: *Howeara* Mini-Primi
Miltonia		Blüten fest, bunt, meist gelbgrundig, mehrblütig; beblätterte Bulben	sehr wüchsig; lassen sich aufgebunden gut kultivieren
Notylia		Blütentrauben, Einzelblüten unscheinbar; Wuchs wie *Comparettia*	kleinwüchsig; aufgebunden einfach zu kultivieren
Rodriguezia		Blüten meist weiß, deutlicher Sporn; kletternder Wuchs	wachsen aufgebunden sehr gut; oft mit *Tolumnia* gekreuzt (*Rodricidium*)

Paphiopedilum und Verwandte

Mit ihren typischen, schuhförmigen Blüten sind diese Orchideen unverkennbar. Frauenschuh-Orchideen sind weltweit verbreitet, die verschiedenen Arten wachsen im gemäßigten Mitteleuropa ebenso wie in den Tropen.

Für viele Menschen ist sie die Königin der Orchideen: *Paphiopedilum* ist die einzige Gattung mit einem richtigen deutschen Namen: Sie heißt Frauenschuh nach ihrer schuhförmigen Lippe. Rein botanisch und entwicklungsgeschichtlich gesehen steht sie relativ weit von den restlichen Orchideen entfernt, da der Pollen bei *Paphiopedilum* auf zwei Stellen an der Säule sitzt, bei fast allen anderen Orchideen dagegen an einer Stelle. Der Schuh dieser Orchideen sieht nicht nur wie eine Fliegenfalle aus, sondern er ist auch eine: Insekten, die in dem Schuh der Blüte nach Nektar suchen, fallen hinein und finden nur auf einem vorgegebenen Weg wieder heraus. Dabei muss sich das Insekt durch einen engen Gang hindurchpressen und kommt erst an der Narbe und dann am Pollen der Blüte vorbei. So transportiert es den Pollen von einer Blüte zur anderen. Durch diesen vorgegebenen Weg ist die Selbstbestäubung ausgeschlossen.

In den letzten Jahren wurden sehr viele neue Arten in China und seinen Nachbarländern gefunden. Darunter sind sehr auffällige Arten wie *Paphiopedilum armeniacum* mit leuchtend gelber Farbe. Aber auch südamerikanische Frauenschuh-Arten bestechen durch brillante Blüten: Bekannt ist der knallig rote *Phragmipedium bessae*, der erst Ende des letzten Jahrhunderts entdeckt wurde.

Zur Gattung *Paphiopedilum* gehören ca. 60 Arten, zu *Phragmipedium* ca. 25 Arten, die Gattung *Cypripedium* ist mit ca. 40 Arten in den gemäßigten Gebieten der Welt vertreten.

Alle Frauenschuh-Orchideen sind terrestrisch, sie wurzeln also im Substrat. Deshalb besitzen sie auch keine Luftwurzeln, sondern Wurzeln mit feinen Wurzelhaaren, die das Wasser aus der Erde aufnehmen können. Topft man sie nicht regelmäßig um, brauchen sie eine alljährliche Kalkgabe. Frauenschuh-Orchideen benötigen zwar eine Ruhephase, aber keine Trockenzeit, d. h. man muss sie auch in der Ruhephase regelmäßig gießen. Starke Temperaturschwankungen vertragen sie nicht.

Die zum Schuh umgebildete Lippe ist, trotz der Vielfalt der Blüten, ein eindeutiges Merkmal für den Frauenschuh.

Paphiopedilum
Untergattung Brachypetalum

HÖHE: 10–15 cm
BREITE: 15–25 cm
BLÜTEZEIT: April–August

große, getupfte Blüten

Herkunft: Südostasien, Südchina
Blüte: große, fast kreisrunde Blüten, meist nicht sehr blühwillig; zweiblütig, kurzstielig, Schuh dicklich, länglich, außen glatt; Blütenstiele behaart
Wuchs: terrestrisch; wächst sehr langsam; sehr feste Blätter, oberseitig sattgrün und schwach marmoriert, unterseitig tiefpurpurn getüpfelt; sehr kompakte Pflanzen
Kultur: halbschattig; am Tag 18–20 °C, nachts 14–16 °C; Topfkultur; wächst sehr langsam, deshalb leicht Kulturfehlern wie zu starkem Gießen unterlegen; einmal jährlich kohlensauren Kalk oder Kalkdünger geben; keine Ruhephase; verblühte Rispen zurückschneiden; im Sommer nicht im Freien
Bekannte Arten: *Paphiopedilum bellatulum*: weiß, tiefpurpurne Punkte, *P. concolor* (→ Abb.): beige bis gelblich-grün, tiefpurpurne Punkte, *P. niveum*: weiß, tiefpurpurne Punkte
Hybriden: vererbt werden die helle Grundfarbe und die vielen Punkte; sehr interessante Blüten, aber oft sehr blühfaul

Paphiopedilum
Untergattung Cochlopetalum

HÖHE: 10–20 cm
BREITE: 20–30 cm
BLÜTEZEIT: März–Juni

Revolverblüher

Herkunft: Sumatra, Java
Blüte: kleine Blüten mit gedrehten Petalen und kräftig gezeichneter Fahne; Revolverblüher, bildet bis zu einem Jahr eine Blüte nach der anderen
Wuchs: terrestrisch; kompakt; marmorierte Blätter mit leicht behaarten Rändern
Kultur: halbschattig; am Tag 18–20 °C, nachts 14–16 °C; Topfkultur; Rispe zurückschneiden, wenn die letzte Blüte schon deutlich kleiner ist, als die erste war, denn dann reicht die Kraft zum Blühen nicht mehr aus, und die Pflanze benötigt eine Schonung; keine Ruhephase; Mitte Mai bis Anfang September im Freien
Bekannte Arten: *Paphiopedilum chamberlainianum*: grün/rosa, *P. liemianum* (syn.: *P. chamberlainianum* var. *liemianum*, → Abb.): grün/rosa, *P. glaucophyllum*: grün/rosa
Hybriden: wunderbare Kreuzungen, besonders mit der Sektion *Polyantha*, bei denen mehrere Blüten zusätzlich nachblühen; der Wuchs der Hybriden ist kompakter als bei *Polyantha*

Paphiopedilum
Untergattung Paphiopedilum

HÖHE: 15–30 cm
BREITE: 15–40 cm
BLÜTEZEIT: September–Mai

farbenprächtig und blühfreudig

Herkunft: Nordostindien, Südchina, Thailand
Blüte: sehr unterschiedliche, farbenfrohe, bis zu 15 cm große Blüten, nur eine Blüte pro Stiel
Wuchs: terrestrisch; relativ kleine, vieltriebige Pflanzen; Blätter teilweise unterseitig punktiert
Kultur: halbschattig; am Tag 16–20 °C, möglichst 18 °C, nachts 10–14 °C, amerikanische Hybriden nachts nicht unter 14 °C; Topfkultur; im Winter etwas kühler und trockener stellen; verblühte Rispen zurückschneiden; auch im Sommer sind kühle Nächte sehr gut, deshalb möglichst Mitte Mai bis Anfang September im Freien kultivieren
Bekannte Arten: *Paphiopedilum charlesworthii*: rosa, *P. fairrieanum*: rotbraun, *P. hirsutissimum*: rot und braun, *P. insigne* (→ Abb.): gelb, *P. spicerianum*: grün/weiß, *P. villosum*: braun
Hybriden: diese Untergattung ist der Ursprung für die Zucht der großblütigen, so genannten »amerikanischen« Hybriden, auch Kohlköpfe genannt

temperiert-kühl · kühl · Ruhephase · monopodial · sympodial

Paphiopedilum
Untergattung Parvisepalum

HÖHE: 10–15 cm
BREITE: 15–30 cm
BLÜTEZEIT: März–August

extrem großer Schuh

Herkunft: Nordvietnam, Südostchina
Blüte: sehr großer Schuh; nur sehr kräftige Pflanzen bringen eine zweite Blüte an einem langen Stiel hervor
Wuchs: terrestrisch; kleinwüchsig; bildet deutliche Rhizome
Kultur: halbschattig; am Tag 18–20 °C, nachts 14–16 °C, aber nicht unter 14 °C, lieber deutlich wärmer; Topfkultur, bei hohen Töpfen unbedingt Dränage einfüllen, besser sind wegen der Rhizome flache Schalen; keine Ruhephase, im Winter ein wenig kälter und trockener halten; verblühte Rispen abschneiden; im Sommer nicht im Freien
Bekannte Arten: *Paphiopedilum armeniacum*: gelb, leichte purpurne Punktierung, *P. delenatii* (→ Abb.): weiß mit rosa Schuh und gelbem Auge, *P. malipoense*: grün mit schwarzen Streifen und schwarzem Auge, *P. micranthum*: gelb mit kräftiger rosa Zeichnung auf den Petalen, rosa Schuh
Hybriden: aufgrund der kurzen Entdeckungszeit gibt es erst wenige Hybriden, diese haben teils sehr farbintensive Blüten

Paphiopedilum
Untergattung Polyantha

HÖHE: 30–50 cm
BREITE: 40–60 cm
BLÜTEZEIT: April–August

mehrblütige Rispe

Herkunft: Südostasien, Philippinen
Blüte: weit hervorstehender, schmaler Schuh, teils gedrehte Petalen, vier bis sechs Blüten, lange Rispe
Wuchs: terrestrisch; relativ große, langsam wachsende Pflanzen; bis zu 60 cm langes, dünnes, hellgrünes Laub ohne Zeichnung
Kultur: sonnig, halbschattig; am Tag mindestens 18–20 °C, nachts mindestens 16 °C, verträgt kurzfristig kühlere Phasen; Topfkultur, lockeres Substrat bzw. relativ kleiner Topf, der rasch austrocknet, anschließend wieder kräftig gießen; keine Ruhephase; verblühte Rispen zurückschneiden; im Sommer nicht ins Freie stellen
Bekannte Arten: *Paphiopedilum philippinense*: gelber Schuh, braune, hängende Petalen, Fahne grünweiß, *P. rothschildianum* (→ Abb.): rotbrauner Schuh, gestreifte Petalen und Fahne
Hybriden: durch die Verbindung mit *Cochlepetalum* entstehen mehrblütige Frauenschuhe, die etwas nachblühen; Kreuzungen mit *Parvisepalum* ergeben sehr farbenfrohe Blüten

Paphiopedilum
Untergattung Sigmatopetalum

HÖHE: 10–30 cm
BREITE: 20–40 cm
BLÜTEZEIT: Oktober–Mai

farbenfroh, meist nur eine Blüte

Herkunft: Himalaja, Südostasien, Südchina
Blüte: sehr unterschiedliche Blüten, eine, sehr selten auch zwei Blüten an einem 25–40 cm langen, aufrechten, leicht behaarten Stiel; blühwillig
Wuchs: terrestrisch; wüchsig; relativ klein, kompakt; Blätter unregelmäßig hell- und dunkelgrün marmoriert; Unterseite je nach Art purpurn gefleckt
Kultur: halbschattig; am Tag 16–20 °C, nachts 12–16 °C; nachts nicht unter 14 °C, tagsüber so warm wie möglich; Topfkultur; keine Ruhephase; verblühte Rispen zurückschneiden; Mitte Mai bis Anfang September im Freien
Bekannte Arten: *Paphiopedilum callosum* (→ Abb.): rotbraun, *P. purpuratum*: purpurn, *P. sukhakulii*: grün, *P. venustum*: grün, *P. wardii*: grün mit schwarzen Punkten
Hybriden: sehr viele Hybriden in der eigenen Gruppe, häufig als Maudiae-Typen bezeichnet; diese gibt es in grün, rotbunt und dunkelpurpurn (fast schwarz) als so genannte Vinicolor-Typen

hell, nicht sonnig · halbschattig · schattig · warm · temperiert-warm

Cypripedium

HÖHE: 30–60 cm
BREITE: 25–35 cm
BLÜTEZEIT: April–Juni

winterhart

Herkunft: Europa, Nordamerika, Sibirien
Blüte: sehr unterschiedlich, verschiedene Farben, Petalen meist leicht gedreht, so groß wie Sepalen, nicht auffällig
Wuchs: terrestrisch; aufrechter, hoch gewachsener Spross mit großen Hüllblättern
Kultur: halbschattig; Kultur bei uns im Freien oder im Topf, winterhart; benötigt im Winter unbedingt Frost; verblühte Rispen zurückschneiden; Kultur ganz anders als bei den übrigen Orchideen: brauchen sehr feines Substrat; guter Schutz vor Schädlingen wie Schnecken und Mäusen notwendig
Bekannte Arten: *Cypripedium calceolus* (→ Abb.): gelb-braun, *C. formosanum*: weiß, *C. macranthum*: rosa-rot, *C. pubescens*: gelb-braun, *C. reginae*: rosa-weiß
Hybriden: mittlerweile gibt es einige Hybriden, die wesentlich einfacher im Garten zu kultivieren sind

Phragmipedium
Sektion Micropetalum

HÖHE: 15–25cm
BREITE: 25–35 cm
BLÜTEZEIT: April–September

kleine, farbenfrohe Blüten

Herkunft: Südamerika
Blüte: bunt, samtig, relativ klein, mit kräftigen Farben, Petalen und Sepalen in Form und Farbe ähnlich
Wuchs: terrestrisch; kompakt; lange aufrechte Rispen, teilweise mit Hüllblättern, Verzweigung möglich; bilden teilweise lange Rhizome
Kultur: halbschattig; am Tag 18–20 °C, nachts 14–16 °C; Topfkultur oder in einer Schale; etwas anspruchsvoll, dürfen auf keinen Fall austrocknen – am Naturstandort stehen sie im Wasser; keine Ruhephase; Rispen erst zurückschneiden, wenn sich keine Knospen mehr bilden; Mitte Mai bis Anfang September im Freien
Bekannte Arten: *Phragmipedium besseae* (→ Abb.): rot, *P. dallessandroi*: rot-orange, *P. schlimii*: weiß-rosa
Hybriden: viele rote Frauenschuh-Kreuzungen, teilweise aber auch recht fahle Farben; die Hybriden sind durchweg sehr wüchsig

Phragmipedium
Sektion Phragmipedium

HÖHE: 30–50 cm
BREITE: 40–60 cm
BLÜTEZEIT: April–Oktober

ungewöhnliche Petalen

Herkunft: Südamerika
Blüte: bunt, mehr oder weniger gedrehte Petalen, länger als Sepalen, bei *P. caudatum* bis zu 1 m lang; Blüten verwelken nicht, sondern fallen von der Rispe ab; blüht ein- bis dreimal nach
Wuchs: terrestrisch; sehr wüchsig; lange dünne Blätter, nur *P. pearcei* ist kompakt
Kultur: halbschattig; am Tag 18–20 °C, nachts 14–16 °C; feucht halten, dürfen auf keinen Fall austrocknen – am Naturstandort stehen sie im Wasser; keine Ruhephase; Rispen erst zurückschneiden, wenn sich keine Knospen mehr bilden; Mitte Mai bis Anfang September im Freien
Bekannte Arten: *Phragmipedium boissierianum* (→ Abb.): grünlich, *P. caudatum, P. ecuadorense, P. lindeni*: ohne Schuh, *P. longifolium, P. pearcei*: grünlich, *P. sargentianum:* grünlich-rosa
Hybriden: meist nur Primärhybriden, die aber durch ihre Blühdauer und exotischen Blüten auffallen; oft haben sie einen sehr hohen Blütenstiel

temperiert-kühl · kühl · Ruhephase · monopodial · sympodial

Phalaenopsis und Verwandte

Jeder Zimmerpflanzen-Liebhaber kennt sie: Phalaenopsen sind in unseren Wohnzimmern so weit verbreitet wie keine andere Orchidee. Kein Wunder – denn die äußerst blühwilligen Exoten sind wirklich pflegeleicht.

Die Gattung *Phalaenopsis* ist die wohl populärste Orchideengattung der Welt. Zurzeit hält sie sogar einen Rekord: Sie ist die meistverkaufte Topfpflanze weltweit. *Phalaenopsis*-Hybriden werden fast überall angeboten. Sie sind nicht nur pflegeleicht, sondern auch noch sehr variabel in ihren Blütenformen sowie in den Farben und Größen ihrer Blüten. Außerdem sind sie sehr blühfreudig und haben eine lange Blütezeit – ein weiterer Grund, weshalb sie so beliebt sind. Auch an ihrem Wuchs sind *Phalaenopsis*-Orchideen einfach zu erkennen: Sie wachsen monopodial und bilden alle vier bis acht Monate ein fleischiges, fast ledriges Blatt.

Phalaenopsis-*Hybriden sind der Inbegriff der Orchideen. Ihre lange Blütezeit überzeugt jeden Orchideenliebhaber.*

Phalaenopsis und Verwandte sind Epiphyten. Ihre Luftwurzeln sind von einer dicken, grauen Velamenschicht überzogen, die bei Kontakt mit Feuchtigkeit schnell grün wird. Diese glatten, fleischigen, meist runden Wurzeln finden in der Natur guten Halt auf der Wirtspflanze und nehmen Wasser und Nährstoffe leicht auf. In Kultur sitzen sie normalerweise im Topf und nehmen das notwendige Wasser aus dem Substrat auf. Damit sie nicht faulen, muss das Substrat nach dem Gießen immer wieder abtrocknen.
Phalaenopsis-Orchideen brauchen zwar keine Ruhephase, aber eine Nachtabsenkung, damit sie wieder zur Blüte kommen. Will eine *Phalaenopsis* trotzdem einmal nicht blühen, stellt man sie für maximal ein bis zwei Monate an einen etwas kühleren Platz mit etwa 15 °C. Sie wird nach dieser Zeit sicher wieder austreiben und reichlich neue Blüten bilden.
Die Blütenrispen schneidet man, sobald sie verblüht sind, über einer Verdickung am Stängel, einem so genannten Auge, ab. Durch diesen Rückschnitt treibt der Stängel schnell wieder aus und entwickelt neue Blüten. *Phalaenopsis* bilden sehr gerne Kindel, die man abtrennen und leicht zu neuen Pflanzen heranziehen kann.
Nah verwandt ist die Gattung *Doritis*. Sie wird oft mit *Phalaenopsis* gekreuzt, daraus entstehen reizvolle Hybriden.

Phalaenopsis
Sektion Amboinenses

HÖHE: 5–10 cm
BREITE: 30–80 cm
BLÜTEZEIT: Mai–November

runde Blüten mit weißem Herz

Herkunft: Südostasien
Blüte: farbenfrohe, meist sehr auffällige, runde Blüten; wenigblütig
Wuchs: Epiphyt; sehr breite, hellgrüne oder grau schimmernde, ungefleckte Blätter; meist mehrere hängende, kurze Rispen bis maximal 50 cm
Kultur: halbschattig; am Tag mindestens 18–20 °C, nachts mindestens 16 °C; Topf- oder Korbkultur; nie ganz austrocknen lassen, alle zwei Jahre umtopfen; keine Ruhephase; kann an der Spitze der Rispe weiterblühen, deshalb verblühte Rispe erst zurückschneiden, wenn sie eingetrocknet ist; im Sommer nicht ins Freie stellen
Bekannte Arten: *Phalaenopsis amboinensis*: weiß bis gelb, braune Zeichnung, *P. gigantea* (→ Abb.): weiß bis gelb mit mehr oder weniger braunen Flecken, *P. venosa*: gelb mit starken braunen Flecken und weißer Mitte
Hybriden: *P. venosa* und *P. amboinensis* vererben gelbe Blüten mit weißem Zentrum; die Wenigblütigkeit und das Verblassen der Blütenfarbe wurden durch die Zucht beseitigt

Phalaenopsis
Sektion Fuscatae

HÖHE: 15–20 cm
BREITE: 30–50 cm
BLÜTEZEIT: Mai–September

auffällige Lippe

Herkunft: Südostasien
Blüte: wenige, meist kleine Blüten mit starker Zeichnung auf cremegelbem Untergrund an kurzen Rispen; auffällig zurückgebogene Blütenblätter und fast löffelförmige Lippe ohne Anhängsel; mehrrispig
Wuchs: Epiphyt; fleischige, meist dunkelgrüne Blätter; neigen zur Kindelbildung
Kultur: wie bei der Sektion *Amboinenses* (→ links)
Bekannte Arten: *Phalaenopsis cochlearis*: beige, ganz leichte Zeichnung, gestreifte Lippe, *P. fuscata*: beigegrün mit kräftiger brauner Zeichnung in der Mitte, *P. kunstleri*: beige-grün mit kräftiger brauner Zeichnung in der Mitte, Schwielen auf der Lippe, *P. viridis* (→ Abb.): gelb mit kräftigen rotbraunen Flecken über der ganzen Blüte
Hybriden: nur sehr wenige, meist Primärhybriden aus zwei Naturformen

Phalaenopsis
Sektion Parishianae

HÖHE: 1–4 cm
BREITE: 5–15 cm
BLÜTEZEIT: März–Juni

auffällige, breite Lippe

Herkunft: Sikkim, Assam, Burma
Blüte: kleine, 2 cm große, cremeweiße Blüten mit auffälliger brauner, gelber oder lila Lippe; bis zu 15 cm lange Rispen mit vier bis acht Blüten, von denen immer mehrere gleichzeitig geöffnet sind; gerne mehrrispig
Wuchs: Epiphyt; sehr kleinwüchsig; bis zu vier ungefleckte, maximal 12 cm lange Blätter
Kultur: halbschattig; etwas anspruchsvoll; am Tag mindestens 18–20 °C, nachts mindestens 16 °C; Topf- oder Blockkultur; nie ganz austrocknen lassen, alle zwei Jahre umtopfen; liebt Luftfeuchtigkeit; wirft bei zu niedrigen Temperaturen die Blätter ab, treibt aber wieder neu aus; keine Ruhephase
Bekannte Arten: *Phalaenopsis lobbii* (→ Abb., syn. *P. parishii* var. *lobbii*): weiß, braune Lippe, *P. parishii*: weiß, lila Lippe
Hybriden: Es gibt zahlreiche Miniphalaenopsis auf der Basis von *P. parishii* und *P. lobbii*. Die bekannteste ist *P.* Mini Mark: Sie ist vielrispig und noch kleiner als *P. equestris* und *P. lindenii*.

Phalaenopsis
Sektion Phalaenopsis

HÖHE: 10–15 cm
BREITE: 30–60 cm
BLÜTEZEIT: ganzj., v. a. März–Juni

sehr schöne Rispen

Herkunft: Südostasien, Australien
Blüte: großblütig, fadenförmige Anhängsel an der Lippe, Petalen deutlich breiter als Sepalen; relativ dünne, lange, teils verzweigte Rispen
Wuchs: Epiphyt; wüchsig; teils schön marmorierte Blätter
Kultur: halbschattig; tags mindestens 18–20 °C, nachts mindestens 16 °C, ca. 4 °C Nachtabsenkung ist wichtig; alle 2 Jahre umtopfen; keine Ruhezeit; verblühte Rispe bis zu einem Auge in mittlerer Höhe zurückschneiden
Bekannte Arten: *Phalaenopsis amabilis*, *P. aphrodite*: beide weiß, *P. philippinense*: weiß mit gelber Lippe, *P. sanderiana*: rosé, *P. schilleriana* (→ Abb.): rosa, *P. stuartiana*: weiß mit Punkten
Hybriden: Grundlage der meisten Kreuzungen; zarte, große Blüten; durch *P. stuartiana* wurde die Punktierung in der Lippe und den seitlichen Sepalen vererbt; *P. schilleriana* ist die Mutter aller rosa blühenden, *P. amabilis* und *P. aphrodite* sind die Mütter aller weißen *Phalaenopsis*

Phalaenopsis
Sektion Polychilos

HÖHE: 5–10 cm
BREITE: 15–30 cm
BLÜTEZEIT: Mai–November

sternförmige Blüten

Herkunft: Südostasien
Blüte: kleinblütig; sternförmige, fleischig-wachsartige Blüten mit breit ausladender Lippe; kurze, bis 40 cm lange Rispen, teils verzweigt
Wuchs: Epiphyt; 20–40 cm lange, ungefleckte, meist hellgrüne Blätter, teils an der Spitze eingekerbt; neigt zur Kindelbildung
Kultur: halbschattig; am Tag mindestens 18–20 °C, nachts mindestens 16 °C; Topf-, Korb- oder Blockkultur; nie ganz austrockenen lassen, alle zwei Jahre umtopfen; keine Ruhezeit; Rispe nicht abschneiden, da sie, solange sie grün ist, an der Spitze wieder austreiben kann; im Sommer nicht im Freien
Bekannte Arten: *Phalaenopsis cornucervi* (→ Abb.): gelblich-grün mit brauner Zeichnung, breiter, flacher Stiel, *P. manii*: gelblich mit brauner Zeichnung
Hybriden: wird nur selten in der Hybridisierung verwendet, obwohl die Haltbarkeit der Blüten sehr dafür spricht; es gibt einige sehr hübsche Primärhybriden

Phalaenopsis
Sektion Stauroglottis

HÖHE: 5–10 cm
BREITE: 20–40 cm
BLÜTEZEIT: ganzj., v.a. März–Juni

viele kleine Blüten

Herkunft: Philippinen, Indonesien
Blüte: klein-, aber vielblütig, Petalen und Sepalen fast gleich groß, Lippe ohne Anhängsel
Wuchs: Epiphyt; Blätter bis 20 cm lang und 6 cm breit; Blätter je nach Art grün, silbergrau oder marmoriert; neigt zur Kindelbildung
Kultur: halbschattig; am Tag mindestens 18–20 °C, nachts mindestens 16 °C; Topf- oder Korbkultur; nie ganz austrocknen lassen, alle 2 Jahre umtopfen; keine Ruhezeit; verblühte Rispe bis zu einem mittleren Auge zurückschneiden; im Sommer nicht im Freien
Bekannte Arten: *Phalaenopsis celebensis*: weiß mit rosa/brauner Zeichnung, *P. equestris* (→ Abb.): rosa oder weiß/rosa mit dunkelrosa Lippe, *P. lindenii*: weiß mit Streifen, besonders deutlich in der Lippe
Hybriden: *P. equestris* und *P. lindenii* haben Kleinwüchsigkeit und Blühwilligkeit sowie rosa Blüten mit roten bzw. gestreiften Lippen ohne fadenförmige Anhängsel vererbt

 hell, nicht sonnig · halbschattig · schattig · warm · temperiert-warm

Phalaenopsis
Sektion Zebrinae, Untersektion Zebrinae, Glabrae, Hirsutae

HÖHE: 5–10 cm
BREITE: 30–50 cm
BLÜTEZEIT: Mai–November

blüht bis zu vier Monate

Herkunft: Südostasien
Blüte: farbenfrohe, sternförmige, glänzende, wachsartige Blüten an mehreren kurzen Rispen, kräftige Zeichnung; deutlich behaarte, abgerundete Lippe ohne Anhängsel; blühwillig und vielrispig
Wuchs: Epiphyt; meist recht kleine, aber breite hellgrüne Blätter ohne Zeichnung, häufig leicht gewellt, da die Blätter nicht sehr fleischig sind; bildet gerne Kindel
Kultur: wie bei der Sektion *Amboinenses* (→ Seite 103)
Bekannte Arten: *Phalaenopsis bastianii* (→ Abb.): beige mit kräftigen braunroten Flecken, *P. maculata:* beige mit einzelnen kräftigen rotbraunen Flecken, *P. modesta:* beige mit mehr oder minder starker roter Zeichnung, *P. sumatrana:* gelb mit braunroten Flecken, *P. tetraspis:* weiß, teils mit leichter rotbrauner Streifung
Hybriden: nur sehr wenige, meistens Primärhybriden aus zwei Naturformen

Phalaenopsis
Sektion Zebrinae, Untersektion Lueddemannianae

HÖHE: 5–10 cm
BREITE: 30–50 cm
BLÜTEZEIT: Mai–November

spitz auslaufende Blüten

Herkunft: Südostasien
Blüte: farbenfrohe, sternförmige, glänzende, wachsartige Blüten an mehreren kurzen Rispen; Lippe abgerundet, ohne Anhängsel, vordere Lippenplatte nicht behaart, sondern mit Höckern; alle Arten sind vielrispig, wenigblütig
Wuchs: Epiphyt; wüchsig; fleischige, grüne Blätter; starke Kindelbildung
Kultur: wie bei der Sektion Amboinenses (→ Seite 103)
Bekannte Arten: *Phalaenopsis bellina* (syn. *P. violacea* Typ Borneo): grünbeige mit weißem Innenhof und kräftig rotvioletter Zeichnung in der Mitte, *P. hieroglyphica* (syn. *P. lueddemanniana* var. *hieroglyphica*): beige mit rotbrauner Zeichnung, *P. lueddemanniana*: beige mit kräftiger rotbrauner Fleckung, *P. pulchra* (syn. *P. lueddemanniana* var. *pulchra*): rotviolett mit gelben Lippenflügeln, *P. violacea* Typ Malaya var. *alba* (→ Abb.): außen grünlich-beige, in der Mitte rotviolett
Hybriden: diese Untersektion ist die Grundlage für alle kurzrispigen *Phalaenopsis* mit wachsartigen Blüten

Doritis

HÖHE: 10–20 cm
BREITE: 15–20 cm
BLÜTEZEIT: Mai–November

aufrechte Ripse

Herkunft: Südostasien
Blüte: 3–4 cm große, meist rosa bis rote Blüten, Rispe wächst senkrecht und verzweigt sich gelegentlich; mehrere Blüten öffnen sich gleichzeitig, verblühen die unteren, wachsen oben Knospen nach, sodass die senkrechte Rispe leicht 60 cm erreicht
Wuchs: Epiphyt; wüchsig; sechs bis acht Blätter; bildet gerne Seitentriebe
Kultur: halbschattig bis sonnig; Rispe unbedingt anbinden, weil sie recht lang wird; Kultur ansonsten wie Sektion *Amboinenses* (→ Seite 103)
Bekannte Arten: *Doritis pulcherrima* (→ Abb.): kleine rosa Blüten mit weißem Schlund und bräunlichen Seitenlappen, *D. pulcherrima* var. *alba*: weiß, *D. pulcherrima* var. *coerulea*: bläulich, *D. esmeralda* und *D. buyssoniana* sind Farbspielereien von *D. pulcherrima*; alle weiteren sind nicht sicher als eigene Arten identifiziert
Hybriden: *D. pulcherrima* wurde wegen ihrer Farbe oft mit *Phalaenopsis* gekreuzt, da sie Kleinblütigkeit nicht vererbt, aber die rote Farbe.

Vanda und Verwandte

Vanda und ihre Verwandten sind alle Kinder der Sonne: Die Tropen-Schönheiten brauchen viel Wärme und vertragen – ungewöhnlich für Orchideen – durchaus auch einmal kräftige Sonnenstrahlen.

Die *Vanda*-Orchidee ist durch ihre großen blauen Blüten sehr bekannt. Damit ist das Farbspektrum dieser aparten Orchideengattung aber nicht erschöpft: Rote, gelbe, gestreifte und auch orange Blüten in klein und groß bezaubern Orchideenliebhaber ebenso. Neben den strahlenden Farben bestechen auch die variablen Blütenformen. Sie sind kreisrund, sternförmig und tragen manchmal einen deutlichen Sporn. Gemeinsam ist den Pflanzen dieser Verwandtschaft der deutlich monopodiale Wuchs. *Vanda* und ihre Verwandten sind aber nicht nur in der Gestalt ihrer Blüten abwechslungsreich, sondern können auch recht unterschiedlich kultiviert werden. Manche dieser Epiphyten wachsen zwar im Topf, aber *Vanda* und ihre Hybriden wie *Ascocenda* wurzeln sehr ungern im Substrat. Besser kultiviert man sie im Korb oder aufgebunden in Blockkultur. Weil ihre relativ dicken, frei herunterhängenden Wurzeln bei diesen Kulturmethoden jedoch viel Luftfeuchtigkeit brauchen, muss man sie unbedingt täglich besprühen. Hat man keine Möglichkeit, *Vanda* im Korb oder aufgebunden mit der entsprechenden Luftfeuchtigkeit zu kultivieren, kann man eine neue, originelle Kulturmethode testen: *Vanda* lassen sich sehr gut in einem Glas halten, das nur wenige Zentimeter mit Wasser gefüllt wird (→ Seite 38). Gibt man regelmäßig wenig Dünger ins Wasser, kann diese Orchidee sich hier prächtig entwickeln.

Bei der Kultur von *Vanda* und ihren Verwandten sind kalkarmes Gießwasser und sparsame Düngung wichtig, da kein Substrat ungünstige Faktoren abpuffern kann. Ideal zum Sprühen ist Regenwasser.

Vanda und ihre Verwandten haben noch eine Besonderheit: Sie vertragen so viel Sonnenlicht wie kaum eine andere Orchidee. Wenn sie genug Licht bekommen, können sie bis zu drei Blütenrispen im Jahr bilden. Direkte Sonne bekommt jedoch auch ihnen nicht.

Alle Gattungen werden warm bis temperiert-warm kultiviert.

Vanda-*Hybriden zeichnen sich durch ihre ungewöhnliche Vielfalt und durch prächtige Blütenfarben aus.*

Vanda

HÖHE: 50–20/30–50 cm
BREITE: 40–60 cm
BLÜTEZEIT: Mai–November

leuchtend blau

Herkunft: Südostasien
Blüte: sehr große, runde Blüten mit extrem intensiven Farben, vor allem das Blau besticht; blühfreudig
Wuchs: Epiphyt; wüchsig; außer bei den kleinwüchsigen Arten sehr hoher Wuchs, weit ausladende, starre Blätter
Kultur: sonnig; am Tag besser über 18–20 °C, nachts 14–16 °C; ohne Substrat in Korb- oder Blockkultur kultivieren, sehr gut ist die Glaskultur; bei Korb- und Blockkultur auf hohe Luftfeuchtigkeit und regelmäßiges Besprühen achten; keine Ruhezeit; verblühte Rispen bis zur Basis zurückschneiden; kein Sommerquartier
Bekannte Arten: *Vanda coerulea* (→ Abb.): weiß/blau, *V. coerulescens*: bläulich, kleinwüchsig, *V. cristata*: bunt, *V. rothschildiana*: weiß/blau, *V. tricolor*: bunt, *V. sanderiana* (auch als *Euanthe* bekannt): bunt
Hybriden: wegen ihrer Größe ist *Ascocenda* (*Vanda* x *Ascocentrum*) der reinen *Vanda* vorzuziehen: Sie hat fast genauso große Blüten wie *Vanda* und eine höhere Anzahl von Blüten

Aerides

HÖHE: 20–40 cm
BREITE: 30–50 cm
BLÜTEZEIT: April–September

kräftige Farbkombinationen

Herkunft: Südostasien
Blüte: wachsartige Blüten, kräftige Farben; meist duftend; kräftiger, meist kurzer Sporn; langer, leicht herabhängender Blütenstand, langblütig
Wuchs: Epiphyt; mehr oder weniger dicht beblätterter Spross, dickfleischige Blätter
Kultur: sonnig; am Tag besser über 18–20 °C, nachts 14–16 °C; Topfkultur möglich, aber besser ist Korbkultur bei viel Luftfeuchte in purer Holzkohle oder Korkstücken sowie Blockkultur bei hoher Luftfeuchte, sehr gut ist die Glaskultur; keine Ruhephase; verblühte Rispe bis zur Basis zurückschneiden; im Sommer nicht ins Freie stellen
Bekannte Arten: *Aerides fieldingii* (→ Abb.): rosa, oft weiß gepunktet, *A. lawrenceana*: weiß/purpurn, *A. multiflorum*: rosa-rot/weiß, *A. odorata*: rosa-violett
Hybriden: Gattungshybriden, am häufigsten mit *Ascocentrum* (*Aeridocentrum*) und *Vanda* (*Aeridovanda*): meist lang blühend, duftend; auch innerhalb der Gattungen Hybriden

Ascocentrum

HÖHE: 20–40 cm
BREITE: 30–40 cm
BLÜTEZEIT: April–August

Blütenbüschel

Herkunft: Südostasien
Blüte: kleinblütige Blütenbüschel in intensiven Farben; aufrechte, vielblütige Rispen; blühfreudig
Wuchs: Epiphyt; längliche, ineinander sitzende Blätter mit gestutzten Spitzen und mit mehr oder weniger Zähnen besetzt
Kultur: wie bei *Vanda*
Bekannte Arten: *Ascocentrum ampullaceum* (→ Abb.): rosa bis rot, *A. curvifolium*: orange bis rot, *A. christensonianum*: rosa, *A. miniatum*: orange
Hybriden: viele Kreuzungen mit *Vanda*, daraus entstand *Ascocenda*, die Großblütigkeit mit Kleinwüchsigkeit vereint; weitere Hybriden: *Ascofinetia* (mit *Neofinetia*), *Mokaara* (mit *Arachnes* und *Vanda*), *Nakamotoara* (*Ascocentrum* x *Neofinetia* x *Vanda*) oder *Vascostylis* (*Ascocentrum* x *Vanda* x *Rhynchostylis*)

temperiert-kühl · kühl · Ruhephase · monopodial · sympodial

Neofinetia

HÖHE: 10–15 cm
BREITE: 15–20 cm
BLÜTEZEIT: April–August

Sporn länger als Blüte

Herkunft: Ostasien
Blüte: der von *Angraecum* ähnlich, weiß mit deutlichem Sporn an einer kurzen Rispe mit mehreren Blüten; es gibt eine rosa Varietät mit größeren Blüten
Wuchs: Epiphyt; kleinwüchsig; dem Wuchs von *Ascocentrum* ähnlich; längliche, ineinander sitzende Blätter mit gestutzten Spitzen und mit wenigen Zähnen besetzt
Kultur: sonnig; am Tag besser über 18–20 °C, nachts 14–16 °C; Topfkultur möglich, besser ist Blockkultur mit oder ohne Moosunterlage, je nach Luftfeuchtigkeit, da die Pflanzen nicht gerne im Substrat wurzeln, empfiehlt sich für die Fensterbankkultur Glaskultur; keine Ruhephase; verblühte Rispe bis zur Basis zurückschneiden; im Sommer nicht ins Freie stellen
Bekannte Arten: nur eine Art: *Neofinetia falcata* (→ Abb.): weiß
Hybriden: wegen ihrer Kleinwüchsigkeit oft mit *Vanda* und *Ascocentrum*, Kreuzungen mit *Angraecum* ergeben nur selten gute Resultate

Renanthera

HÖHE: 20 cm bis mehr als 1 m
BREITE: 30–50 cm
BLÜTEZEIT: Juni–November

kräftige Farben, große Sepalen

Herkunft: Südostasien
Blüte: viele kleine sternförmige, farbintensive Blüten; lange, teils verzweigte Rispe; leider etwas blühfaul
Wuchs: Epiphyt; wüchsig; für eine monopodiale Orchidee ist der Abstand von Blatt zu Blatt relativ groß, dadurch sind die Pflanzen recht hoch; starre, schmale Blätter, die weit abstehen
Kultur: sonnig; am Tag besser über 18–20 °C, nachts 14–16 °C; Topfkultur möglich, wenn das Substrat luftig ist, Korbkultur empfehlenswert, da die Wurzeln viel Luft benötigen, als kleine Pflanze auch Blockkultur möglich; keine Ruhephase; verblühte Rispen an der Basis zurückschneiden; im Sommer nicht ins Freie stellen
Bekannte Arten: *Renanthera citrina:* gelb, *R. imschootiana*: dunkelrot, *R. monachica* (→ Abb.): gelb-orange, rot gefleckt
Hybriden: meist nur innerhalb der Gattung, wenige Gattungshybriden, u. a. mit *Phalaenopsis*; Einzelblüten sind sehr schön, doch Rispenaufbau und Blühfreudigkeit sind nicht gut vererbt

Rhynchostylis

HÖHE: 20–40 cm
BREITE: 30–60 cm
BLÜTEZEIT: August–November

vielblütig, auffällige Blätter

Herkunft: Südostasien
Blüte: kräftige Farben, sehr vielblütig, meist kurzrispig
Wuchs: Epiphyt; ineinander sitzende, sehr kräftige, platte Blätter; sehr wuchtige Pflanzen, die Arten unterscheiden sich nur in der Größe des Habitus; sehr kräftige Wurzeln
Kultur: sonnig; am Tag besser über 18–20 °C, nachts 14–16 °C; liegt die Nachttemperatur nicht unter 16 °C, ist eine Kühlphase von ein bis zwei Monaten sinnvoll; Kultur ansonsten wie bei *Renanthera*
Bekannte Arten: *Rhynchostylis coelestis*: weiß/hellblau, *R. gigantea* (→ Abb.): weiß/rosa gefleckt, *R. retusa*: rosa/dunkel gefleckt, *R. violacea*: rosa
Hybriden: innerhalb der Gattung existieren wenige Hybriden, es gibt aber sehr viele und farbenprächtige Gattungshybriden: *Rhynchovanda* (x *Vanda*), *Rhynchocentrum* (x *Ascocentrum*), *Vascostylis* (x *Ascocentrum* x *Vanda*)

hell, nicht sonnig · halbschattig · schattig · warm · temperiert-warm

Sarcochilus

HÖHE: 10–15 cm
BREITE: 10–15 cm
BLÜTEZEIT: September–Februar

aufrechte Rispen

Herkunft: Südostasien
Blüte: ungewöhnlich geformte, fast runde Blüten, die eng an den aufrechten Rispen anliegen; vielrispig
Wuchs: Epiphyt; sehr langsamwüchsig, kleinwüchsig; Blätter sitzen ineinander, sehr hartes Laub
Kultur: sonnig; am Tag besser über 18 –20 °C, nachts 14–16 °C; am besten Topfkultur, aber auch Blockkultur ist möglich; wachsen sehr langsam; keine Ruhephase; verblühte Rispen bis zur Basis zurückschneiden; von Mitte Mai bis September im Freien, Sommerquartier ist aber nicht unbedingt nötig
Bekannte Arten: *Sarcochilus ceciliae*: rosa, *S. fitzgeraldii*: weiß/braune Flecken, *S. hartmannii*: weiß/braune Flecken, *S. rosea* (→ Abb.): rosa
Hybriden: innerhalb der Gattung ist die bekannteste Kombination *S. fitzgeraldii* x *hartmannii* zu dem Hybrid Fitzhart

WEITERE VERWANDTE

Name	Kurzinfo	Blüte/Wuchs	Bemerkung
Amesiella		kurze Rispen, relativ große, weiße, samtige Blüten; Wuchs wie kleine *Phalaenopsis*	kleinwüchsig, sehr langsamwüchsig; Topfkultur, aber auch Blockkultur möglich
Chiloschista		kleine, rundliche Blüten, gelb, weiß, grün oder dunkelbraun gepunktet; nur selten mit Blättern	kleinwüchsig; nur aufgebunden kultivieren; vertragen auch trockene Tage
Gastrochilus		kurze Rispen, zahlreiche gelbe oder gelborange Blüten; Wuchs wie *Phalaenopsis*	kleinwüchsig, blühfreudig; Kultur wie *Phalaenopsis*; auch aufgebunden leicht zu kultivieren
Haraella		relativ große Blüten, gelb mit schwarzem Auge; Wuchs wie sehr kleine *Phalaenopsis*	sehr kleinwüchsig; am besten aufgebunden pflegen; auch Topfkultur möglich
Saccolabium		kurze Rispen mit vielen kleinen Blüten; flache, eingekerbte Blätter, schlanker Trieb	kleinwüchsig; sehr einfach aufgebunden zu kultivieren; auch Topfkultur möglich
Sedirea		kurze Rispen mit vielen kleinen Blüten; schlanker Trieb, eingekerbte Blätter	kleinwüchsig; Kultur wie *Phalaenopsis*, aber etwas anfällig für Wollläuse
Trichoglottis		farbenfrohe Blüten, aber außer bei *T. philippinensis* relativ klein, sitzen direkt am Trieb	sehr hoher Wuchs, muss deshalb angebunden werden; viel Licht, aber keine direkte Sonne
Vandopsis		aufrechte Rispen, gelblich-rote Blüten; großes kräftiges Laub	großwüchsig; Kultur wie *Rhynchostylis*, wegen der Größe nicht für die Fensterbank geeignet

Angraecum und Verwandte

Diese Orchideen stammen v. a. aus dem tropischen Afrika und von Madagaskar und den Komoren. Die Blüten sind meist weiß, sternförmig und tragen einen mehr oder weniger langen Sporn.

	Name	Kurzinfo	Blüte/Wuchs	Kultur	Arten (Blütezeit in Monaten)	Hybriden
	Angraecum		Blüte meist beige/weiß, sternförmig, deutlicher Sporn; Wuchs sehr unterschiedlich, Blätter am Ende grob geschlitzt	wachsen im Warmen gut, werden aber bei temperierter Kultur kräftiger; kleinere Arten wachsen aufgebunden gut	*Angraecum calceolus* (3–6), *A. eichlerianum* (7–11), *A. distichum* (7–10), *A. ruthenbergianum* (3–6), *A. sesquipedale* (2–4)	wenige Züchtungen; bekannteste: *Angraecum* Veitchii aus *A. eburneum* x *A. sesquipedale*
	Aerangis		Blüte sternförmig, meist weiß, kurzer deutlicher Sporn; hängende Rispen mit vielen Blüten; relativ kleinwüchsig	gut dräniertes Substrat; bilden bei kühleren Nächten viele kurze Rispen; aufbinden mit Sandwichmethode	*Aerangis biloba* (4–7), *A. kotschyana* (9–11), *A. mooreana* (9–12), *A. rhodosticta* (6–10)	wenige bekannt, meist Primärhybriden mit deutlich größeren Blüten
	Aeranthes		bizarr, beige bis grün, lange, fadenartige Blütenstiele; kurze Sprossachse, gräulich-grüne Blätter	Topfkultur, nur *A. henricii* wächst auch aufgebunden gut; Rispe nach Eintrocknen abschneiden	*Aeranthes arachnitis* (6–10), *A. grandiflora* (6–10), *A. henricii* (3–6), *A. ramosa* (6–10)	manche Hybriden wachsen besser, auch Hybriden aus *Aerangis* und *Angraecum*
	Angraecopsis		viele kleine unscheinbare Blüten an fadenförmigen Rispen; kleinwüchsig, mit schlanken Blättern, vieltriebig	sehr einfach; große Pflanzen brauchen in einem großen Topf gute Dränage; wachsen auch aufgebunden	*Angraecopsis gracillima* (7–10)	nicht bekannt
	Cyrtorchis		Blüten dreieckig-sternförmig, weiß-beige, viele Blüten an kurzen Rispen; leicht süßlicher Duft; Wuchs ähnlich wie *Vanda*	Kultur wie *Angraecum*; wegen der Größe lassen sich alle Arten aufgebunden sehr gut pflegen	*Cyrtorchis arcuata* (9–12), *C. hamata* (9– 12), *C. praetermissa* (9–12)	keine bekannt
	Jumellea		kurze Stiele mit ein bis zwei weißen, sternförmigen Blüten; kurze Sprossachse mit ausladenden Blättern	wie bei *Angraecum*; nie in zu großem Topf; Wechsel Trockenheit/Nässe ist wichtig	*Jumella commorensis* (2–4), *J. fragrans* (2–4), *J. sagittata* (3–6)	Hybriden sind nicht bekannt

 hell, nicht sonnig · halbschattig · schattig · warm · temperiert-warm

Bulbophyllum und Coelogyne

Bulbophyllum und Verwandte: **Die etwa 1000 verschiedenen Arten sind in Asien, Australien, Afrika und Südamerika zu finden. Darunter sind viele kleinwüchsige Orchideen, es gibt aber auch sehr große Pflanzen.**

	Name	Kurzinfo	Blüte/Wuchs	Kultur	Arten (Blütezeit in Monaten)	Hybriden
	Bulbophyllum		sehr vielfältige Blütenformen und Farben; sehr unterschiedlich in der Größe; deutliche, meist kugelige Bulbe	wüchsig und vieltriebig, deshalb Block- und Korbkultur; verträgt auch hellen Standort	*Bulbophyllum blumei* (3–5), *B. falcatum* (3–6), *B. graveolens* (7–10), *B. phalaenopsis* (5–6 und 8–10)	einige sehr schöne Hybriden, die meist einfach wachsen und blühen; Kreuzungen mit *Cirrhopetalum* heißen *Cirrhophyllum*
	Cirrhopetalum		Rispe mit mehreren Blüten, doldenartig, sehr kleine Lippe; meist kugelige Bulbe mit einem bis zwei Blättern	wüchsig und vieltriebig, deshalb Block- und Korbkultur; verträgt auch hellen Standort	*Cirrhopetalum macroleum* (2–5), *C. medusae* (10–12), *C. rothschildianum* (4–6), *C. umbellatum* (8–10)	einige sehr schöne Hybriden, die meist einfach wachsen und blühen; Kreuzungen mit *Bulbophyllum* heißen *Cirrophyllum*

Coelogyne und Verwandte: **Eine variable Gruppe: *Coelogyne* mit meist großen Blüten an teils hängenden Rispen, *Dendrochilum* mit vielen unscheinbaren Einzelblüten, *Pleione* mit im Verhältnis zur Bulbe riesigen Blüten.**

	Name	Kurzinfo	Blüte/Wuchs	Kultur	Arten (Blütezeit in Monaten)	Hybriden
	Coelogyne		meist weiß oder beige-weiß, gelbe Lippe, auch grün; Bulben sehr unterschiedlich groß, ein bis zwei Blätter	über Temperaturbereiche informieren; bei hängenden Rispen Korbkultur, sonst Topfkultur	*Coelogyne cristata* (1–3), *C. dayana* (4–9), *C. fimbriata* (8–10), *C. flaccida* (3–6), *C. massangeana* (1–12), *C. ochracea* (4–6)	nur wenige Hybriden bekannt
	Dendrochilum		viele lange, meist gebogene Rispen mit sehr vielen unscheinbaren Einzelblüten; dünne Blätter, büscheliger Wuchs	wachsen schnell in die Breite; während der Neutriebbildung feucht halten; hohe Luftfeuchte	*Dendrochilum cobbianum* (5–10), *D. filiforme* (5–8), *D. glumaceum* (3–4), *D. wenzelii* (2–4)	nicht bekannt
	Pleione		sehr große, sternförmige, farbenfrohe Blüten, Lippe röhrenförmig, anders gefärbt; Blätter fallen vor der Blüte ab	humoses, durchlässiges Substrat, jährlich umtopfen; im Winter frostfreier, trockener Standort	*Pleione formosana* (2–4), *P. forrestii* (3–5), *P. imprichtii* (3–5), *P. yunnanensis* (2–4)	sehr schöne Kreuzungen innerhalb der Gattung; große, bunte Blüten

temperiert-kühl · kühl · Ruhephase · monopodial · sympodial

Cymbidium und Lycaste

Cymbidium und Verwandte: **Eine Gruppe mit farbenfrohen Blüten. *Cymbidium*-Hybriden sind als Schnittorchideen mit teils riesigen Blüten bekannt, *Ansellia* erfreut durch Reichblütigkeit, *Galeandra* hat imposante Blüten.**

	Name	Kurzinfo	Blüte/Wuchs	Kultur	Arten (Blütezeit in Monaten)	Hybriden
	Cymbidium		große, runde, farb-intensive Blüten an aufrechten oder bräunliche Blüten an hängenden Rispen, lange haltbar	langes Sommerquartier zur Blütenbildung; in der Wachstumsphase viel gießen und düngen	*Cymbidium atropurpureum* (3–7), *C. devnianum* (4–6), *C. erythrostylum* (9–11), *C. insigne* (2–6), *C. tigrinum* (3–6)	keine Gattungshybriden; Minicymbidium als Topfpflanzen oder mit hängenden Rispen für Korbkultur
	Ansellia		Blüten gelb, leicht bis stark braun gepunktet bis ganz braun; lange, kräftige Bulben mit wenigen Blättern	sehr wüchsig und blühwillig; am Tag warm, braucht dann mehr Wasser; viel Dünger und Licht	*Ansellia africana* (3–11), *A. africana* var. *alba* (grünlich gelb; 3–11), *A. nilotica* (3–11)	keine bekannt, Gattungshybriden mit *Cymbidium* möglich (*Ansidium*)
	Galeandra		große, trichterförmige Lippe, drei bis fünf Blüten; lang gestreckte Bulbe, grau-grüne Blätter; sehr kompakt	hohe Temperaturen und Feuchtigkeit in der Wachstumsphase, im Winter nur sehr wenig gießen	*Galeandra baueri* (7–10), *G. batemannii* (7–10), *G. devoniana* (3–5)	interessante, kaum erhältliche Hybriden; Gattungshybriden mit *Ansellia*, *Mormodes*, *Catasetum*

Lycaste und Verwandte: ***Lycaste* und ihre Hybriden fallen durch die ungewöhnlichen Blüten auf. Von den 300 verschiedenen *Maxillaria*-Arten sind einige sehr bunt und reich blühend, andere verstecken ihre Blüten im Laub.**

	Name	Kurzinfo	Blüte/Wuchs	Kultur	Arten (Blütezeit in Monaten)	Hybriden
	Lycaste		relativ große Blüten, kräftige Farben, röhrenförmige Petalen; Bulben werfen nach Bildung des Triebs Blätter ab	Topfkultur; viel gießen und düngen; Ruhephase: weder austrocknen lassen noch nass halten	*Lycaste aromatica* (klein; 3–6), *L. consobrina* (2–5), *L. lasioglossa* (3–6), *L. macrophylla* (5–8), *L. skinneri* (5–7)	viele großwüchsige Hybriden mit großen bunten Blüten; Gattungshybriden meist mit *Anguloa* zu *Angulocaste*
	Maxillaria		dreieckige Blüten, unterschiedlich groß, stehen unterm Laub; viele Bulben, wenige, dünne Blätter oder bulbenlos	unterschiedlich; viel Frischluft, beim Kauf nach Temperaturansprüchen und Ruhephase fragen	*Maxillaria crassifolia* (6–10), *M. cucullata* (2–4), *M. picta* (10–12), *M. tenuifolia* (7–9)	nicht bekannt

hell, nicht sonnig · halbschattig · schattig · warm · temperiert-warm

Gongora und Verwandte

Außergewöhnliche und teilweise sehr große Blüten, die Blütezeit ist jedoch relativ kurz. Sehr attraktiv und ein Schauspiel für sich ist die Entwicklung von der Rispe über die Knospe bis zur offenen Blüte.

	Name	Kurzinfo	Blüte/Wuchs	Kultur	Arten (Blütezeit in Monaten)	Hybriden
	Gongora		zahlreiche bizarre Blüten, hängende Blütenstände; ovale, stark gefurchte Bulben mit jeweils ein oder zwei stark geäderten Blättern	bei richtiger Nachtabsenkung blühwillig; feucht halten, aber Neutriebe nicht zu nass	*Gongora atropurpurea* (5–10), *G. chocoensis* (3–9), *G. galeata* (6–9), *G. quinquenervis* (4–9)	nicht bekannt
	Cirrhaea		ähnlich wie *Gongora*, aber dichter besetzte, hängende Blütenstände; der Wuchs entspricht der einer kleinwüchsigen *Gongora*	wie *Gongora*	*Cirrhaea dependens* (5–9), *C. longiracemosa* (5–9), *C. saccata* (8–10)	kaum bekannt; Gattungshybriden mit *Gongora* und *Stanhopea*
	Coryanthes		bizarre Blüten; Bulben mit je zwei Blättern und hervortretenden Blattnerven	gedeiht in Topf- und Korbkultur; in der Wachstumszeit gut düngen und gießen	*Coryanthes hunteriana* (2–5), *C. macrantha* (11–1), *C. quinquenervis* (9–12), *C. speciosa* (3–7)	kaum bekannt
	Paphinia		Blütenstände hängend, kurz, mit zwei bis vier sternförmigen, großen Blüten, Lippe behaart; Bulben klein, mit zwei Blättern	braucht kleine Töpfe, oft gießen, aber nicht ständig nass halten; hohe Luftfeuchte	*Paphinia cristata* (8–11), *P. grandiflora* (9–12), *P. herrerae* (9–12), *P. neudeckeri* (9–12)	wenig bekannt; es gibt Gattungshybriden mit *Gongora*
	Polycycnis		Blüten meist gefranst oder behaart, Säule steht bogenförmig vor der Blüte; gleicht kleinwüchsigen *Gongora*-Arten	wie *Gongora*	*Polycycnis barbata* (3–6), *P. lehmann* (9–11), *P. muscifera* (3–6), *P. pfisteri* (3–6)	nicht bekannt
	Stanhopea		Blütenstand wächst durch das Substrat nach unten; Blüten riesig, duftend; Bulben eiförmig mit einem großen Blatt	häufig sprühen; am besten in Korbkultur	*Stanhopea embreei* (6–9), *S. grandiflora* (7–9), *S. oculata* (6–9), *S. tigrina* (8–10), *S. wardii* (7–10)	wenig bekannt

temperiert-kühl · kühl · Ruhephase · monopodial · sympodial

Pleurothallis und Verwandte

Eine Gruppe für sich: Die meisten Blüten sind winzig klein, aber sehr ungewöhnlich geformt. Je nachdem, welche Nachttemperaturen sie brauchen, sind sie sehr gut für Vitrinen und Terrarien geeignet.

	Name	Kurzinfo	Blüte/Wuchs	Kultur	Arten (Blütezeit in Monaten)	Hybriden
	Pleurothallis	●	kleine, teils sehr bunte Blüten, ein- oder vielblütig; meist klein, kompakt; blattstielartige Bulben	hohe Luftfeuchte, Frischluft, feines Substrat, hohe Nachtabsenkung; kleine Pflanzen in Blockkultur, große im Topf	*Pleurothallis grobyi* (blüht mehrmals im Sommerhalbjahr), *P. ionantha* (blüht mehrmals im Jahr)	nur sehr wenige Primärhybriden, diese sind wüchsig und haben auffällige Blüten
	Dracula	●	Blüte ähnlich wie *Masdevallia*, aber immer hängend, dunkle Farben, behaart, bizarr; kleinwüchsig, einblättrige Sprosse	hohe Luftfeuchte, Frischluft, feines Substrat, hohe Nachtabsenkung; nicht für die Fensterbank	*Dracula chimaera* (9–12), *D. felix* (11–2), *D. mopsus* (3–6), *D. vampira* (11–2)	wenige, sehr schöne Hybriden; Gattungshybride: *Dracuvallia* (*Dracula* x *Masdevallia*)
	Dryadella	●	kurze Rispen, Sepalen laufen spitz zu, aber nicht in Fäden aus, dunkle Farben; wie kleinwüchsige *Masdevallia*	hohe Luftfeuchte, Frischluft, feines Substrat; wachsen auch auf der Fensterbank gut	*Dryadella albicans* (12–2), *D. auriculigera* (11–2), *D. edwallii* (5–7), *D. lilliputana* (3–5)	es gibt keine Hybriden
	Lepanthes	●	kleine farbenfrohe Blüten; Wuchs wie *Pleurothallis*, blattstielartige Bulben, leicht rundliches Blatt	wie *Pleurothallis*; Blockkultur mit Sandwichmethode; auch für die Fensterbank geeignet	*Lepanthes escobariana* (11–2), *L. lindleyana* (12–2), *L. ovalis* (ganz-jährig), *L. secunda* (12–4)	sehr wenige Primärhybriden, die wüchsiger sind als die Naturformen
	Masdevallia	●	kräftige Farben, gestreift, gepunktet, Sepalen laufen in Fäden aus, kleine Lippe; meist kleinwüchsig, einblättrige Sprosse	Temperaturbereich erfragen, hohe Luftfeuchte, Frischluft, feines Substrat, hohe Nachtabsenkung	*Masdevallia coccinea* (5–8), *M. ignea* (4–7), *M. impastor* (1–4), *M. tovarensis* (12–3)	sehr viele Hybriden; eine Gattungshybride ist *Dracuvallia* (*Masdevallia* x *Dracula*)
	Restrepia	●	viele einblütige Rispen, Blüten auffällig, klein, gezeichnet, große Lippe; kleinwüchsig, kompakt, dünne Bulben	wie *Pleurothallis*; Blockkultur mit Sandwichmethode; wachsen auch auf der Fensterbank gut	*Restrepia antennifera* (3–5), *R. dodsonii* (4–7), *R. guttulata* (11–2), *R. trichoglossa* (3–5)	sehr wenige Primärhybriden bekannt; haben meist größere, auffällige Blüten

 hell, nicht sonnig · halbschattig · ● schattig · warm · temperiert-warm

Zygopetalum und Verwandte

Große, fleischige Blüten, häufig mit Blautönen. Die Größe der Pflanzen ist je nach Gattung sehr unterschiedlich. Die Züchter arbeiten an vielen Gattungs-Hybriden, die Groß- mit Vielblütigkeit verbinden.

	Name	Kurzinfo	Blüte/Wuchs	Kultur	Arten (Blütezeit in Monaten)	Hybriden
	Zygopetalum (syn. Zygopetalon)		oft bläulich wirkende Blüten, teils überhängende, mehrblütige Rispen, auffällige Lippe; Bulben meist mit länglichen Blättern	fleischige Wurzeln, deshalb Topfkultur; kann hell stehen, aber nicht trocken; viel düngen	*Zygopetalum crinitum* (6–10), *Z. intermedium* (9–1), *Z. mackaii* (10–2), *Z. maxillare* (6–8)	viele Hybriden und Gattungshybriden: große, farbenfrohe, teils blaue Blüten, sehr haltbar
	Aganisia (syn. Acacallis)		seitlich wachsende Rispe mit bläulich gezeichneten Blüten; kleine Bulben mit zwei Blättern, kletternder Wuchs	warm, luftfeucht; durch den kletternden Wuchs gut zum Aufbinden und für Vitrinen geeignet	*Aganisia cyanea* (5–7)	es gibt nur Gattungshybriden; wenige, aber meist blaue Blüten
	Cochleanthes (syn. Chondrorhyncha oder Warscewiczella)		kurz gestielte Einzelblüten, Lippe trichterförmig, teils bläulich; keine Bulben, viele lange Blätter	nie ganz trocknen lassen; Korb-, oder Ampelkultur, da die Blüten seitlich aus der Pflanze herausstehen	*Cochleanthes amazonica* (5–10), *C. chestertonii* (6–8), *C. discolor* (5–10), *C. marginata* (6–10)	einige Hybriden, viele Gattungshybriden: vielblütig, kompakt, mehrmals im Jahr blühend
	Kefersteinia		gefranste Blüten, einzeln auf fadenförmigen Stielen; Wuchs wie relativ kleinwüchsige *Cochleanthes*; keine Bulben	nie ganz trocknen lassen; Korb- oder Ampelkultur, da die Blüten seitlich aus der Pflanze herausstehen	*Kefersteinia gemma* (3–5), *K. graminea* (6–9), *K. sanguinolenta* (6–9), *K. tolimensis* (6–9)	wenige, aber reizvolle Hybriden, auch Gattungshybriden – diese sind groß und vielblütig
	Pescatorea		große, wachsartige Einzelblüten auf kurzen Stielen, Lippe behaart oder mit Schwiele; keine Bulben, Blätter lang	nie ganz trocknen lassen; Korb- oder Ampelkultur, da die Blüten seitlich aus der Pflanze herausstehen	*Pescatorea cerina* (9–11), *P. coronaria* (11–1), *P. dayana* (12–3), *P. lehmannii* (5–10), *P. wallisii* (3–7)	sehr wenige Hybriden bekannt, meist kräftige Farben und lange haltbar
	Promenaea		kurze, meist hängende Rispen mit ein bis zwei Blüten; kleine Bulben, teils leicht grünlich-graue Blätter	im Ampeltopf oder Körbchen; beim Gießen Blätter nicht befeuchten, bekommen leicht Flecken	*Promenaea rollinsonii* (5–8), *P. stapelioides* (7–9), *P. xanthina* (5–8)	sehr schöne Hybriden, auch Gattungshybriden; leider noch nicht sehr verbreitet

temperiert-kühl · kühl · Ruhephase · monopodial · sympodial

WEITERE ORCHIDEEN

Name	Kurzinfo	Blüte	Wuchs	Bemerkungen
Ancistrochilus	●	seitliche Blütenrispe mit beige-weißen Blüten und rosaroter Lippe	kleine, bis 6 cm große, eiförmige Bulben mit ein bis zwei Blättern	wüchsig; keine Ruhephase; relativ nass, aber keine Staunässe
Bifrenaria	●	zwei bis drei große bunte Blüten an seitlichen Trieben unter dem Laub	sehr hartes, großes Laub, relativ große Pflanzen	duftend; im Winter relativ kühl, im Frühjahr wärmer halten; eher trocken pflegen
Calanthe	●	sehr zarte Blüten an aufrechten Rispen; meist weiß, rosa oder rot	kräftige Bulben, sehr großes Laub, wird vor der Blüte abgeworfen	lange Blüte; nicht zu kalt halten; Bulben können nach der Blüte durchkultiviert werden
Capanemia	●	viele weiße, cremeweiße oder grüne Blüten an überhängenden Rispen	sehr kleinwüchsig, nur ca. 4 cm groß	kleinwüchsig; Blockkultur mit viel Luftfeuchte oder Topfkultur mit sehr lockerem Substrat
Catasetum	☼	fast runde Blüten in Weiß, Grün, Gelb, mit oder ohne rote Flecken	nur selten Blätter, Rispe wächst aus der Mitte des Wurzelgeflechts	kurze Blütezeit; am besten in Blockkultur, gut für Vitrinen geeignet; sparsam düngen
Cycnoches	☼	bizarre, zweifarbige Blüten an meist hängenden Rispen; teils zeigt die Lippe nach oben	kräftige Bulben, die während oder nach der Blüte ihre großen Blätter abwerfen	im Winter zwei Monate Ruhephase; wenn die Pflanze wieder austreibt, mehr gießen und düngen
Cymbidiella	☼	sehr farbintensiv, grün mit schwarzer Zeichnung und roter Lippe	großwüchsig; hohe, schlanke Bulben, lange dünne Blätter	im Sommer hohe Temperaturen, im Winter fördern niedrige Temperaturen die Blüte
Disa	●	große Blüten in knalligen Farben, aufrechte Rispen: rosa, gelb oder knallrot	terrestrische Orchideen, rosettenartiger, krautiger Wuchs	Substrat aus Weißtorf mit Quarzsand, sehr salzarmes Wasser, wenig düngen
Epigeneium	●	einfarbige oder bunte, sternförmige Blüten, viel- oder einblütig	kleine, längliche Bulben mit ein bis zwei Blättern; teils sehr lange Rhizome	selten, anspruchsvoll; verwandt mit *Dendrobium;* wachsen gut in Blockkultur
Eria	☼ ◑ ●	kurzer Sporn, sehr klein bis mittelgroß, ein- bis vielblütig, Rispen oder Blüten im Laub versteckt	meist lange, schmale Blätter auf kleinen rundlichen Bulben	sehr unterschiedliche Arten; in Kultur und Größe sehr variabel; beim Kauf Ansprüche erfragen
Eurychone	●	weiße oder rosa Blüten, grünlich schwarzer Schlund, kurze Rispen	Laub tief dunkelgrün, leicht gewellt mit leichter Zeichnung; flacher Wuchs	kleinwüchsig; wächst im Topf und aufgebunden gut; relativ selten, da schwierige Aufzucht
Habenaria	●	aufrechte Rispen mit meist vielen, teils bizarren Blüten, teils kräftige Farben	rosettenartige Blätter auf unterirdischen Knollen, terrestrisch	Substrat: Weißtorf mit Quarzsand; weder austrocknen lassen noch ständig nass halten

☼ hell, nicht sonnig ◑ halbschattig ● schattig warm temperiert-warm

WEITERE ORCHIDEEN

Name	Kurzinfo	Blüte	Wuchs	Bemerkungen
Huntleya	● °C sympodial	kurz gestielte Blüten ragen seitlich aus der Pflanze	bulbenlos; fächerartige Blätter; sehr viele Wurzeln	großes Pflanzgefäß wählen, nie ganz austrocknen lassen
Ludisia	● °C sympodial	aufrechte Rispen, kleine weiße Blüten, in der Mitte ein gelber Punkt	Blattorchidee, rosettenartige, samtige Blätter mit goldenen Adern	terrestrisch; Regenwasser verwenden, sonst strahlen die Blattadern nicht
Macodes	● °C sympodial	Blüte unscheinbar, bräunlich, klein; aufrechte Rispen	Blattorchidee, Blätter samtig, grün oder rot mit goldenen Adern; rosettenartig	sparsam düngen, Regenwasser, feines Substrat, ständig feucht, aber nicht nass halten
Macradenia	● °C sympodial	hängender Blütenstand mit vielen kleineren oder größeren Blüten	länglich flache Bulbe mit nur einem länglichen spitzen Blatt	kleinwüchsig; aufgebunden kultivieren; nachts und im Winter kühler halten
Paraphalaenopsis	☼ °C monopodial	kurze Rispen, wenige gewellte Blüten in Büscheln, klar abgegrenzte Farben	gleicht einer rundblättrigen *Vanda*; kurze, wenig beblätterte Triebe	selten, anspruchsvoll; aufgebunden kultivieren; hohe Luftfeuchte, viel Licht
Phaius	☼ °C sympodial	aufrechte Rispe mit sternförmigen Blüten, trichterförmige Lippe; blüht nach	palmenartige, große Blätter aus relativ kleinen Bulben, fleischige Wurzeln	großwüchsig; lange Blütezeit; Substrat gleichmäßig nass halten, temperaturtolerant
Polystachia	● °C sympodial	Revolverblüher; variabel; wenige Blüten oder Rispen mit Miniblüten	gestauchte oder stammartige Bulben; meist kleinwüchsig, wenig beblättert	bizarr; in kleine Töpfe mit durchlässigem Substrat setzen; im Winter weniger gießen
Sigmatostalix	● °C sympodial	kleine zierliche Rispen, sehr schöne, kleine Blüten, auffällige weiße Lippe	vieltriebig; dünne Bulben mit einem oder zwei langen dünnen Blättern	wuchernd; sehr gut für Vitrinen geeignet, als Bodendecker oder aufgebunden
Sobralia	☼ °C sympodial	sehr große, *Cattleya*-ähnliche Blüten an langen Stielen; Revolverblüher	schilfartige Blätter (150 – 200 cm), auch ohne Blüten als Grünpflanze schön	imposant; luftiges Substrat, regelmäßig stark gießen, aber wieder abtrocknen lassen
Thunia	● °C sympodial	große, sternförmige Blüten, kurze Rispe; auffällige rotgelbe, gefranste Lippe	hohe Bulben mit wechselständigen Blättern; Bulben sitzen eng beieinander	wüchsig; im Frühjahr reichlich gießen und düngen; im Winter trocken halten
Trichocentrum	● °C sympodial	zwei bis vier Blüten an mehr oder weniger hängenden Rispen, große Lippe	feste Blätter mit hübscher Zeichnung, auf kleinen festen Bulben	anspruchsvoll; Blockkultur ist empfehlenswert; hohe Luftfeuchte; gut für Vitrinen
Trichopilia	● °C sympodial	relativ groß, Blütenblätter gedreht und/oder sternförmig, Lippe trichterförmig	flache Bulben, tragen ein Blatt; sehr kompakter Wuchs	wüchsig, blühwillig; wegen der seitlichen Rispen Kultur im Ampeltopf oder Körbchen
Vanilla	● °C monopodial	große Blüten, die ein paar Tage blühen, oder mittelgroße, die nur kurz blühen	Rankpflanze; alle 10–20 cm entspringt ein Blatt und eine Wurzel	bekannteste Nutzpflanze unter den Orchideen; blüht erst ab einer Länge von 10 m

°C temperiert-kühl °C kühl Ruhephase monopodial sympodial

Januar

- Deutlich weniger gießen als im Sommer; wegen der kurzen Tage verbrauchen die Pflanzen weniger Wasser; gießt man zu viel, bleibt das Substrat zu lange nass
- Auch an hellen, sonnigen Tagen nicht zusätzlich gießen; die Sonneneinstrahlung ist noch sehr schwach und die Lichtdauer extrem gering
- Die trockene Heizungsluft bekommt den Orchideen nicht; erhöhen Sie die Luftfeuchtigkeit mit Verdunstungsbehältern an den Heizkörpern oder Schalen auf der Fensterbank

Februar

- Die winterliche Ruhephase ist beendet, das Tageslicht nimmt deutlich zu; gießen Sie aber nur nach und nach etwas mehr
- Notieren Sie, wo noch Platz für Orchideen ist, und informieren Sie sich auf Orchideenausstellungen über Neuzüchtungen
- Den Bestand an Substrat und frischen Töpfen wieder auffüllen

März

- Achten Sie v. a. an hellen Tagen darauf, dass die Orchideen nicht zu sonnig stehen; sie sind noch keine Sonne gewöhnt und bekommen leicht Brandflecken
- Beginnen Sie an schönen, nicht zu warmen Tagen mit dem Umtopfen; fangen Sie mit den Orchideen an, die es am nötigsten haben: Die Pflanze ist zu groß für den Topf, viele Luftwurzeln hängen über den Topf, oder das Substrat ist zerfallen
- Sind längere sonnig-warme Wetterperioden vorausgesagt, können Sie auch wieder mehr gießen

Orchideenpflege rund ums Jahr

Juli

- Im Sommerquartier trocknen die Pflanzen durch den Wind und die Wärme besonders schnell aus; regelmäßiges Gießen nicht vergessen
- Auch im Sommerquartier vertragen Orchideen keine direkte Sonne; achten Sie darauf, dass sie im Halbschatten oder Schatten stehen; das Gleiche gilt selbstverständlich auch für die Fensterbank
- In Regenperioden stellen Sie die Orchideen aus dem Sommerquartier unter ein schützendes Dach und gießen Pflanzen auf der Fensterbank weniger

August

- Kühl bzw. kühl/temperiert zu kultivierende Orchideen, die jetzt nicht im Freien sein können, müssen wenigstens nachts so kühl wie möglich stehen
- Die Luftfeuchte sollte, wenn möglich, nicht nur von Verdunstungsgefäßen kommen; häufiges Sprühen bekommt den Pflanzen sehr gut
- Sollten Sie wenige Tage verreisen, stellen Sie die Orchideen ca. 1 m vom Fenster weg
- Aufgebundene Pflanzen ruhig einmal 30–60 Minuten im Regenwasser liegen lassen, sodass sie sich richtig voll saugen können

September

- Letzter Termin zum Umtopfen
- Kühl/temperiert zu pflegende Orchideen aus dem Sommerquartier holen, nur wenn es noch sehr warm ist, können sie noch draußen bleiben; achten Sie auf die Nachttemperaturen
- Bevor Sie die Pflanzen wieder ins Haus stellen, kontrollieren Sie sie genau auf Schädlinge; wenn Sie die Pflanzen nicht umtopfen, geben Sie etwas Schneckenkorn in jeden Topf
- Langsam die Wassergaben wieder reduzieren, die Nächte sind wieder deutlich kälter, die Orchideen verbrauchen weniger Wasser

April

- Pflanzen, die schon zwei Jahre im gleichen Substrat stehen, werden jetzt umgetopft; dabei kann man sie auch gleich teilen, wenn sie zu groß sind
- Jetzt können Schädlinge aus dem Garten ins Haus kommen und die Orchideen befallen; kontrollieren Sie die Pflanzen regelmäßig
- Gegen Rote Spinne vorbeugen: Luftfeuchte durch Verdunstungsschalen und Besprühen erhöhen oder vorbeugend spritzen
- Wassergaben deutlich erhöhen, sodass die Wurzelballen der Orchideen keinesfalls mehr wie im Winter austrocknen

Mai

- Kühl kultivierte Orchideen Anfang Mai, alle weiteren, die ein Sommerquartier brauchen, ab Mitte Mai nach draußen stellen; gießen nicht vergessen
- Pflanzen an Südfenstern vor der Sonne schützen und ein wenig vom Fenster abrücken
- Jungpflanzen aus der sterilen Anzucht nehmen und eintopfen
- Pflanzen, die aufgebunden werden sollen, wachsen jetzt am besten an; achten Sie aber auf genügend Luftfeuchte
- Letzter Termin zum Umtopfen
- Regelmäßig auf Schädlinge kontrollieren

Juni

- Kümmern Sie sich rechtzeitig um eine Urlaubsbetreuung für die Pflanzen und weisen Sie diese ein
- Sammeln Sie wenn möglich Regenwasser, damit es im Sommer nicht zu knapp wird, und schaffen Sie einen Vorrat; Regenwasser sorgt dafür, dass Orchideen gesundes Laub und kräftige Wurzeln entwickeln
- Jetzt verbrauchen Orchideen mehr Wasser; halten Sie Ihre Pflanzen deshalb deutlich feuchter als im Winter und lassen Sie besonders blühende nicht ganz austrocknen

Es lohnt sich, regelmäßig nach den Orchideen zu sehen: Sie danken die kleine Aufmerksamkeit mit lang anhaltender Blütenpracht. Und Krankheiten und Schädlinge haben keine Chance, wenn sie rechtzeitig entdeckt werden.

Oktober

- Je nach Größe und Himmelsrichtung des Fensters sollten Sie jetzt die Zusatzbeleuchtung wieder einschalten
- Gießen Sie ab jetzt weniger und seltener
- Auf den Herbstorchideenausstellungen blühen ganz andere Sorten – es lohnt sich also, diese zu besuchen
- Vergessen Sie die Kontrolle auf Woll- und Schildläuse nicht; rechtzeitig erkannt, ist ein Befall schnell und einfach zu beheben
- Noch draußen stehende Pflanzen jetzt ins Haus holen; vorher auf Schädlinge kontrollieren

November

- Orchideen, die eine Ruhephase brauchen und nicht im Sommerquartier waren, in einen kühlen, hellen Raum stellen; weniger bzw. gar nicht gießen
- Spätestens jetzt die Zusatzbeleuchtung einschalten
- V. a. in stark geheizten Räumen auf Rote Spinne kontrollieren bzw. vorbeugend behandeln

Dezember

- Neu gekaufte Orchideen nur in fester, geschlossener Verpackung transportieren
- Jetzt nur Orchideen kaufen, deren Knospen schon voll entwickelt bzw. deren Blüten geöffnet sind
- Verwenden Sie nur zimmerwarmes Wasser zum Gießen und Sprühen; Wasser aus der Regentonne ist viel zu kalt
- In den Blattachseln der Orchideen darf kein Wasser stehen bleiben, sonst werden die Pflanzen krank; geschieht dies doch, saugen Sie es mithilfe eines Papiertaschentuchs auf

GATTUNGSHYBRIDEN UND IHRE ELTERNGATTUNGEN

Gattungshybriden	Abk.	Elterngattungen
Aeridocentrum	*Aerctm.*	*Aerides* x *Ascocentrum*
Aliceara	*Alcra.*	*Brassia* x *Miltonia* x *Oncidium*
Angrangis	*Angrs.*	*Aerangis* x *Angraecum*
Angranthes	*Angth.*	*Aeranthes* x *Angraecum*
Angulocaste	*Angcst.*	*Anguloa* x *Lycaste*
Aranda	*Aranda*	*Arachnis* x *Vanda*
Ascocenda	*Ascda.*	*Ascocentrum* x *Vanda*
Ascofinetia	*Ascf.*	*Ascocentrum* x *Neofinetia*
Beallara	*Bllra.*	*Brassia* x *Cochlioda* x *Miltonia* x *Odontoglossum*
Bishopara	*Bish.*	*Broughtonia* x *Cattleya* x *Sophronitis*
Brassidium	*Brsdm.*	*Brassia* x *Oncidium*
Brassolaeliocattleya	*Blc.*	*Brassavola* x *Cattleya* x *Laelia*
Burrageara	*Burr.*	*Cochlioda* x *Miltonia* x *Odontoglossum* x *Oncidium*
Catanoches	*Ctnchs.*	*Catasetum* x *Cycnoches*
Cattleytonia	*Ctna.*	*Cattleya* x *Broughtonia*
Charlesworthara	*Cha.*	*Cochlioda* x *Miltonia* x *Oncidium*
Cirrhophyllum	*Crphm.*	*Cirrhopetalum* x *Bulbophyllum*
Cochlepetalum	*Ccptm.*	*Cochleanthes* x *Zygopetalum*
Colmanara	*Colm.*	*Miltonia* x *Odontoglossum* x *Oncidium*
Cycnodes	*Cycd.*	*Cycnoches* x *Mormodes*
Darwinara	*Dar.*	*Ascocentrum* x *Neofinetia* x *Rhynchostylis* x *Vanda*
Degarmoara	*Dgmra.*	*Brassia* x *Miltonia* x *Odontoglossum*
Diacattleya	*Diac.*	*Diacrium* x *Cattleya*
Dialaelia	*Dial.*	*Diacrium* x *Laelia*
Dialaeliocattleya	*Dialc.*	*Diacrium* x *Laelia* x *Cattleya*
Doritaenopsis	*Dtps.*	*Doritis* x *Phalaenopsis*
Dracuvallia	*Drvla.*	*Dracula* x *Masdevallia*
Epicatonia	*Epctna.*	*Epidendrum* x *Cattleya* x *Broughtonia*
Epicattleya	*Epc.*	*Epidendrum* x *Cattleya*
Epilaelia	*Epl.*	*Epidendrum* x *Laelia*
Epiphronitis	*Ephs.*	*Epidendrum* x *Sophronitis*
Euryangis	*Eugs.*	*Eurychone* x *Aerangis*
Gomada	*Gomada*	*Gomesa* x *Ada*
Hasegawaara	*Hasgw.*	*Brassavola* x *Broughtonia* x *Laelia* x *Cattleya* x *Sophronitis*
Hawkinsara	*Hknsa.*	*Broughtonia* x *Cattleya* x *Sophronitis* x *Laelia*
Howeara	*Hwra.*	*Leochilus* x *Oncidium* x *Oncidium*
Ionettia	*Intta.*	*Comparettia* x *Ionopsis*
Ionocidium	*Incdm.*	*Ionopsis* x *Oncidium*
Keferanthes	*Kefth.*	*Kefersteinia* x *Cochleanthes*
Kirchara	*Kir.*	*Cattleya* x *Epidendrum* x *Laelia* x *Sophronitis*
Laeliocattkeria	*Lcka.*	*Laelia* x *Cattleya* x *Barkeria*
Laeliocattleya	*Lc.*	*Laelia* x *Cattleya*
Laeliocattonia	*Lctna.*	*Laelia* x *Cattleya* x *Broughtonia*
Maclellanara	*Mclna.*	*Brassia* x *Oncidium* x *Odontoglossum*
Miltassia	*Mtssa.*	*Brassia* x *Miltonia*
Miltonidium	*Mtdm.*	*Miltonia* x *Oncidium*
Mokara	*Mkra.*	*Arachnis* x *Ascocentrum* x *Vanda*
Nakamotoara	*Nak.*	*Ascocentrum* x *Neofinetia* x *Vanda*
Neograecum	*Ngcm.*	*Neofinetia* x *Angraecum*
Odontioda	*Oda.*	*Odontoglossum* x *Cochlioda*
Odontobrassia	*Odbrs.*	*Odontoglossum* x *Brassia*
Odontocidium	*Odcdm.*	*Odontoglossum* x *Oncidium*
Odontonia	*Odtna.*	*Odontoglossum* x *Miltonia*
Odontorettia	*Odrta.*	*Odontoglossum* x *Comparettia*
Oncidettia	*Onctta.*	*Oncidium* x *Comparettia*
Otaara	*Otr.*	*Brassavola* x *Cattleya* x *Broughtonia*
Pescoranthes		*Pescatorea* x *Cochleanthes*
Potinara	*Pot.*	*Brassavola* x *Cattleya* x *Laelia* x *Sophronitis*
Propetalum	*Pptm.*	*Promenaea* x *Zygopetalum*
Renancentrum	*Rnctm.*	*Renanthera* x *Ascocentrum*
Renanthopsis	*Rnthps.*	*Renanthera* x *Phalaenopsis*
Rhynchocentrum	*Rhctm.*	*Rhynchostylis* x *Ascocentrum*
Rhynchovanda	*Rhv.*	*Rhynchostylis* x *Vanda*
Rodrettia	*Rdtta.*	*Comparettia* x *Rodriguezia*
Rodricidium	*Rdcm.*	*Rodriguezia* x *Oncidium*

GATTUNGSHYBRIDEN UND IHRE ELTERNGATTUNGEN

Gattungshybriden	Abk.	Elterngattungen
Schombocattleya	*Smbc.*	*Schomburgkia* x *Cattleya*
Sophrocattleya	*Sc.*	*Sophronitis* x *Cattleya*
Sophrolaelia	*Sl.*	*Sophronitis* x *Laelia*
Sophrolaeliocattleya	*Slc.*	*Sophronitis* x *Cattleya* x *Laelia*
Vandaenopsis	*Vdnps.*	*Vanda* x *Phalaenopsis*
Vandofinetia	*Vf.*	*Vanda* x *Neofinetia*
Vascostylis	*Vasco.*	*Ascocentrum* x *Vanda* x *Rhynchostylis*
Vuylstekeara	*Vuyl.*	*Cochlioda* x *Miltonia* x *Odontoglossum*
Wilsonara	*Wils.*	*Cochlioda* x *Oncidium* x *Odontoglossum*
Zygonisia		*Zygopetalum* x *Aganisia*

* In der Tabelle werden die zum Zeitpunkt des Erscheinens dieses Buches gebräuchlichen Namen verwendet. In den Porträts ab Seite 86 finden sich sowohl die aktuellen als auch die noch gebräuchlichen Namen bzw. Synonyme.

TEMPERATURBEREICHE FÜR ORCHIDEEN

	Kühl	Temperiert		Warm
Tags Winter	mind. 18 °C	mind. 18 °C		mind. 4 °C über der Nachttemperatur
Nachts Winter	mind. 10 °C, max. 12 °C	mind. 12 °C, max. 16 °C		mind. 16 °C
Tags Sommer	mind. 20 °C, möglichst nicht über 28 °C, spätestens dann die Luftfeuchtigkeit erhöhen	mind. 20 °C. Möglichst nicht über 30 °C, spätestens dann die Luftfeuchtigkeit erhöhen		mind. 20 °C, möglichst nicht über 30 °C, spätestens dann die Luftfeuchtigkeit erhöhen
Nachts Sommer	so kalt wie möglich, mind. 10 °C	so kalt wie möglich, mind. 10 °C		mind. 16 °C
Tag/Nacht-Wechsel	so hoch wie möglich, mind. 6 °C	so hoch wie möglich, mind. 6 °C		so hoch wie möglich, mind. 4 °C
Ruhephase im Winter (wenn kein Sommerquartier möglich ist)	deutliche Ruhephase von ca. 2 Monate bei 12–16 °C, dabei teilweise ganz trocken halten	Tendenz zum Kühlen: leichte Ruhephase von ca. 2 Monaten bei 14–16 °C	Tendenz zum Warmen: keine ausgeprägte Ruhephase, die normal niedrigeren Wintertemperaturen reichen aus	keine Ruhephase; die Nachtabsenkung reicht normalerweise aus
Nachts im Freien	bei deutlich höheren Tagestemperaturen, so kalt wie möglich, mind. 4 °C	bei deutlich höheren Tagestemperaturen so kalt wie möglich, mind. 8 °C		niemals im Freien kultivieren, da auch im Sommer die Temperaturen deutlich unter 16 °C fallen können
Sommerquartier im Freien	Mitte Mai (Eisheilige) bis Ende September, entsprechend den Temperaturen auch früher oder später	Mitte Mai (Eisheilige) bis Ende September, entsprechend den Temperaturen auch früher oder später		nicht zu empfehlen

Register

Halbfette Seitenzahlen verweisen auf Abbildungen. Die international üblichen Abkürzungen für die Gattungen und Hybriden sind in Klammern angegeben. Für Orchideen, mit denen noch nicht gezüchtet wurde, gibt es keine Abkürzungen.

Adressen

Orchideengärtnereien

Gärtnerei Giselher Cramer
Zum Steiner 11
83489 Strub/Berchtesgaden
Tel. 08652/94 49 03
Fax 08652/94 49 04
www.cramer-orchideen.de

Orchideen-Garten
Marei Karge
Bahnhofstr. 24
21368 Dahlenburg
Tel. 05851/266
Fax 05851/264
www.karge-orchideen.de

Kopf-Orchideen
Hindenburgstr. 15
94469 Deggendorf
Tel. 0991/37151-14
Fax 0991/34 32 23
www.orchideen-kopf.de

Orchideen-Kulturbedarf
Manfred Meyer
Eckenheimer Landstr. 334
60435 Frankfurt/Main
Tel. 069/54 65 52
Fax 069/548 37 98
www.orchideen-online.de

Gartenbau GmbH Chemnitzer Blumenring
Orchideenzentrum
Zschopauer Str. 277
09126 Chemnitz
Tel. 0371/539 37 18
Fax 0371/539 37 22
www.orchideenzentrum-chemnitz.de

Röllke Orchideenzucht
Flößweg 11
33758 Schloß Holte-Stukenbrock
Tel. 05207/92 05 39
www.roellke-orchideen.de

Schwerter Orchideenzucht
Bergstr. 8
58239 Schwerte/Ruhr
Tel. 02304/942500
Fax 02304/9425029
www.schwerter-orchideenzucht.de

Wössner Orchideen
Hauptstr. 28
83246 Unterwössen
Fax 08641/86 27
www.woessnerorchideen.de

Informationen und Vereine

Deutsche Orchideen-Gesellschaft e. V.
Geschäftsstelle: Im Zinnstück 2
65527 Niedernhausen
www.orchidee.de

Österreichische Orchideengesellschaft
Mitgliederservice
Erika Tabojer
Birkengasse 3
A–2601 Sollenau
Tel. 02628/427 09
www.orchideen.at

Schweizerische Orchideen-Gesellschaft
Postfach
CH–5000 Aarau
www.orchideen.ch

Orchideennamen im Internet:
www.rhs.org.uk/seedlist/registerpages/orchidsearch.asp

Ausstellungen

Dresdner Ostern
Messering 1
01067 Dresden
jährlich 2 Wochen vor Ostern

Münchner Orchideen Markt
Großgaststätte Heide-Volm
Bahnhofstr. 51
82152 Planegg
jährlich im Frühjahr

Nürnberger Orchideentage
Blindenanstalt Nürnberg
Brieger Str. 21
90471 Nürnberg
jedes ungerade Jahr zu Karneval

Neu-Ulmer Orchideen Tage
Edwin-Scharff-Haus
Silcherstr. 40
89231 Neu-Ulm
jedes gerade Jahr im Frühjahr

Orchideen- Exotic
Messe-Stuttgart
jedes ungerade Jahr im Frühjahr

Orchideenschau Berlin
Botanischer Garten Berlin Dahlem
Neues Glashaus
Eingang: Königin Luise Platz
jedes gerade Jahr im Herbst

Allgemeine Informationen durch die Zentrale der D.O.G.

Literatur

Berg-Panà, Henrike: **Handbuch der Orchideen-Namen.** Ulmer Verlag, Stuttgart

Jezek, Zdenek: **Illustrierte Orchideen-Enzyklopädie.** Dörfler Verlag, Eggolsheim

Röllke, Frank: **ORCHIDEEN.** Gräfe und Unzer Verlag, München

Röllke, Kerstin und Frank: **Orchideen von A bis Z.** Gräfe und Unzer Verlag, München

Röllke, Lutz: **Das praktische Orchideen-Buch.** Ulmer Verlag, Stuttgart

BILDNACHWEIS

Alle Fotos von Guido Sachse mit Ausnahme von:
Arco/Meul: 69; Blickwinkel/Schmidbauer: 9; Hunt: 113 re., Köhler: 4 li.; Okapia/Morell: 13; Photolibrary: U1, 4 re.; Schneider: 107 mi.; Strauß: 19, 49 u.
Syndication:
www.jalag-syndication.de

Fotos im Innenteil:
Umschlag vorne: *Dendrobium*-Hybride; S. 2/3: *Phalaenopsis;* S. 6 *Dendrobium* (o.li.), *Paphiopedilum* (o.re.), *Vanda* (u.li.), *Cattleya* (u.re.); S. 30: *Epidendrum* (o.li.), Jungpflanzen pikieren (o.re.), Steckling schneiden (u.li.), Blütenrispe anbinden (u.re.); S. 82: *Ascocenda* (o.li.), *Brassia chloroleuca* (o.re.), *Dendrobium* Jaquelin Concert (u.li.), *Pleurotallis* spec. (u.re.).

DER AUTOR

Frank Röllke ist Orchideenzüchter und Mitinhaber einer Orchideen-Gärtnerei, die Pflanzen in ganz Europa vertreibt. Sein profundes Fachwissen bringt er als Bewertungsrichter auf internationaler Ebene ein. Auf Orchideen-Austellungen im In- und Ausland erhielt sein Betrieb zahlreiche Auszeichnungen.

DER FOTOGRAF

Guido Sachse ist Staatlich geprüfter Techniker für Gartenbau. In seiner Freizeit widmet er sich seit vielen Jahren mit großer Begeisterung der Naturfotografie. Sein besonderes Interesse gilt Landschaften und Pflanzen.

DANK

Verlag, Autor und der Fotograf Guido Sachse danken für die freundliche Unterstützung bei der Fotoproduktion:

Berggarten Hannover
Sautter & Stepper, Ammerbuch und Schwerter Orchideenzucht, Schwerte/Ruhr.

WICHTIGE HINWEISE

- Bewahren Sie Dünge- und Pflanzenschutzmittel für Kinder und Haustiere unerreichbar auf.
- Suchen Sie bei Verletzungen umgehend einen Arzt auf. Eventuell ist eine Impfung gegen Tetanus erforderlich.

IMPRESSUM

Redaktion und Konzeption:
Angelika Holdau
Lektorat: Barbara Kiesewetter
Umschlaggestaltung und Layout:
independent Medien-Design,
Horst Moser, München
Produktion: Susanne Mühldorfer
Satz: Ludger Vorfeld, München
Reproduktion: Penta Repro, München
Druck: Appl, Wemding
Bindung: m.appl, Monheim
Printed in Germany

ISBN 978-3-7742-7280-4

5. Auflage 2010

GRÄFE UND UNZER

Ein Unternehmen der
GANSKE VERLAGSGRUPPE

DAS ORIGINAL MIT GARANTIE
GU

Unsere Garantie

Alle Informationen in diesem Ratgeber sind sorgfältig und gewissenhaft geprüft. Sollte dennoch einmal ein Fehler enthalten sein, schicken Sie uns das Buch mit dem entsprechenden Hinweis an unseren Leserservice zurück. Wir tauschen Ihnen den GU-Ratgeber gegen einen anderen zum gleichen oder ähnlichen Thema um.

Liebe Leserin und lieber Leser,

wir freuen uns, dass Sie sich für ein GU-Buch entschieden haben. Mit Ihrem Kauf setzen Sie auf die Qualität, Kompetenz und Aktualität unserer Ratgeber. Dafür sagen wir Danke! Wir wollen als führender Ratgeberverlag noch besser werden. Daher ist uns Ihre Meinung wichtig. Bitte senden Sie uns Ihre Anregungen, Ihre Kritik oder Ihr Lob zu unseren Büchern. Haben Sie Fragen oder benötigen Sie weiteren Rat zum Thema? Wir freuen uns auf Ihre Nachricht!

Wir sind für Sie da!
Montag – Donnerstag:
8.00 – 18.00 Uhr;
Freitag: 8.00 – 16.00 Uhr
Tel.: 0180 - 5 00 50 54*
Fax: 0180 - 5 01 20 54*
E-Mail:
leserservice@graefe-und-unzer.de

*(0,14 €/Min. aus dem dt. Festnetz/Mobilfunkpreise können abweichen.)

P.S.: Wollen Sie noch mehr Aktuelles von GU wissen, dann abonnieren Sie doch unseren kostenlosen GU-Online-Newsletter und/oder unsere kostenlosen Kundenmagazine.

GRÄFE UND UNZER VERLAG
Leserservice
Postfach 86 03 13
81630 München